JAHRESZEITEN – LEBENSZEITEN

CHRISTA PEIKERT-FLASPÖHLER

JAHRESZEITEN – LEBENSZEITEN

Gedichte
Erzählungen
Betrachtungen

KLENS-VERLAG · DÜSSELDORF

JAHRESZEITEN – LEBENSZEITEN

Ich danke meinem Mann Bernhard
für die Zeichnungen in diesem Buch.
Er hat darin kostbare Augen-Blicke
unserer gemeinsamen Lebenszeit gestaltet.

Klens-Verlag GmbH, Düsseldorf
1. Auflage 1994
Gesamtgestaltung: Irene Scharwächter, Wuppertal
Herstellung: Druckerei Steyl b.v., Tegelen/NL
ISBN 3 87309 122 4

INHALT

Zeichnungen von Bernhard Flaspöhler

„Rubbenbruchsee"

JAHRESZEITEN – LEBENSZEITEN

Liebe Leserinnen und Leser,

wie es oft üblich ist, hat mich auch bei dieser Sammlung von Lyrik und Prosa mein Verleger gebeten, ein Vorwort zu schreiben. Das fällt mir bei jedem Buch schwer. Literarische Texte zu formen, ist für mich sinnvoll. Bei einem Vorwort, dem Wort also vor den Worten, die sich ent-decken lassen möchten, gibt es von vornherein Zweifel für mich. Wie mögen Sie das sehen? Verschieden, vermute ich; denn jede und jeder von uns, einmalig als Mensch, hat unabhängig von gleichen Grundbedürfnissen eigene Wünsche, Träume und Ansichten. Glücklicherweise ist allen die Freiheit gegeben, das Vorwort zu lesen oder sofort mit den Worten zu beginnen an irgendeiner Stelle des Buches.

Diesmal scheint mir das Vorwort eine Lehre zu erteilen; denn ich muß bereits die zweite Fassung schreiben. Nein, nicht die übliche Überarbeitung, ganz neue Formulierungen sind nötig. Das kam so: Inmitten der vielfältigen Verpflichtungen (echten und vermeintlichen) der Vorweihnachtszeit, mich beschäftigte gerade die Weihnachtspost, flog mir die Idee für das Vorwort zu, und ich begann sofort zu schreiben. Dabei spürte ich: So ist es gut. In einem Zuge füllte ich handschriftlich einige Blätter. Ein Glücksgefühl begleitete mich, das auch beim Nachlesen anhielt. Ich brach ab, weil ich zum Briefkasten gehen wollte, in der Gewißheit: den Schluß schreibst du im Januar, und dann schaust du, ob Änderungen erforderlich sind.

Eine Woche über suchte ich die Blätter mit dem vor-läufigen Vorwort, das ich immer noch für gelungen halte. Ich suchte und suchte, zerbrach mir den Kopf, begriff nicht, weshalb diese „wichtigen" Aufzeichnungen nicht in der entspre-

chenden Mappe zu finden waren, begann, die vielen ungeordneten, unterschiedlichen Papiere durchzusehen, zu ordnen – zum Abheften fehlt mir oft die Zeit – oder die Lust? –, und fragte mich, was das Ganze soll. Ist diese Sucherei nicht reine Zeitverschwendung? Weshalb hänge ich so sehr an dieser ersten Fassung? War ich zu verliebt in meine Formulierungen? Und schließlich: Was werde ich mit den Jahren in wachsendem Maße loslassen müssen? Wovon mußten und müssen sich Menschen trennen – ein paar beschriebene Blätter so wichtig zu nehmen. Allerdings weiß ich aus Erfahrungen, daß mir geglückte Verse, die ich nicht sofort aufschreibe, verlorengehen und stehe deshalb auch des Nachts auf, um sie zu Papier zu bringen. Mit den Grundgedanken verhält es sich anders. Die Sammlung „Jahreszeiten – Lebenszeiten" widerspricht in mancherlei Hinsicht dem sich immer stärker ausprägenden Trend: Alles Gedruckte muß brandneu sein, geschrieben mit „heißer" Feder sozusagen, Inhalte und Formen sollen sich möglichst als noch nie dagewesen ausweisen. Das Verlangen nach Neuheit, gekoppelt mit Hunger nach Sensationen, scheint in Sucht auszuarten. Was voriges Jahr oder vor einigen Jahren geschrieben worden ist, gilt als „Schnee von gestern". Das sehe ich anders. Wenn es auch zeitbedingte Entwicklungen und Strömungen im menschlichen Leben nah und fern gibt, die Fragen nach dem Woher und Wohin, nach dem, was uns trägt, nach Sinn, nach dem Für- und Miteinander, sind uralt. Wir können nur versuchen, sie in unserer Zeit zu beantworten. Daß es weder vom Inhalt noch von der sprachlichen Form her oberflächlich geschieht, daß Sprache in Bildern, in überraschenden Wendungen, auch in Kargheit lebendig wird und lebendig macht, sind Maßstäbe schöpferischer Arbeit.

Liebe Leserinnen und Leser, „Lebenszeiten" werden nicht als fertige Programme in Computer eingespeist. Sie erschließen sich als Gewachsenes, Entwicklungen lassen sich entdecken in Aussagen und vielfältigen Ausdrucks-

weisen. So enthüllt sich selbst im vertrauten Jahresrhythmus der Natur Wunder-volles, eröffnen sich ungeahnte Augen-Blicke, weil wir selbst im Werden sind. Wie uns jedes Jahr eine Erntezeit bringt, dürfen wir auch in Abschnitten unseres Lebens innehalten: staunen, überblicken, ernten. Gegenwart, Vergangenheit und Zukunft verflechten sich, verbinden sich zum Strömen, das den Namen Leben verdient, überraschen uns mit wechselnden Mustern und Farben. Dazu lade ich Sie ein.

Gedichte, Erzählungen und Betrachtungen aus mehreren Jahrzehnten meines Lebens werden Ihnen begegnen, und Sie werden sie schöpferisch in Beziehung bringen zu Ihrem Dasein. Verwandtes und Fremdes, Vertrautes wie das „andere" erwarten Sie, Heiterkeit und Freude möchten Sie grüßen und Geheimnisvolles Sie anrühren. Das kennen Sie von sich selbst auch: Sichergeglaubtes stürzt in Unsicherheit; Selbstverständliches eröffnet neue Horizonte; gestern lachte mich der Morgen an, heute fürchte ich mich vor dem Tag. Wir spüren „zwei Seelen in unserer Brust".

Auch sprachliche Entwicklungen lassen sich innerhalb dieses Buches ablesen. Bewußt habe ich ein Gedicht ausgewählt, nämlich „Wintertag", das ich mit 19 Jahren geschrieben habe, weil es zeigt, wie tief Empfindungen in der Jugend reichen und auch formale Qualitäten vorhanden sind. Ähnlich verhält es sich mit dem Prosabeitrag „Eine Sonnenblume".

Den Erzählungen ist jeweils die Zahl des „Schreibjahres" beigegeben, damit Geschichtliches, was darin zur Sprache kommt, zugeordnet werden kann.

Und nun hoffe und wünsche ich, liebe Leserinnen und Leser, daß Sie entdeckungsfreudig die Wanderung in und mit diesem Buch erleben, Bewegung und Muße erfahren, Anstöße und Wohltuendes.

Osnabrück, im Februar 1994

Christa Peikert-Flaspöhler

AVE, KOMMENDES JAHR

ave, kommendes Jahr
ave, Schöpfungsstrom aus der zeitlosen Liebe
Hoffnung ist angesagt
Segen ist zugesprochen
unsre geschwisterlichen Augen
unser mutiges Herz
unsre behutsamen Hände
werden erwartet

DIE HEILIGEN DREI KÖNIGE

Wer zu Hause eine Krippe hat, sieht heute die Heiligen Drei Könige auf das Jesuskind zugehen. Auch in den Gotteshäusern sind die Weisen aus dem Morgenlande eingetroffen. So heißen die weitgereisten Männer bei Mattäus, der uns als einziger der vier Evangelisten von diesem außergewöhnlichen Besuch erzählt.

Weise? Es könnten Menschen sein, die ein besonderes Wissen besitzen; eines, das hinter die Dinge schaut. Genau lautet ihr gemeinsamer Name „Magier". Sie scheinen wirklich viel mehr als die meisten Menschen zu erforschen und zu erkennen; denn wir erfahren, daß sie in ihrer Heimat, dort, wo die Sonne früh den Horizont übersteigt, am Nachthimmel einen neuen hellstrahlenden Stern entdeckt haben. Viele Nächte hatten sie das geheimnisvolle Firmament betrachtet. Planeten und Sternbilder sind ihnen vertraut geworden, ergreifen mit ihrer Schönheit immer wieder ihr Herz, und plötzlich begegnet ihnen in dieser besonderen Heimat ein neues großes Himmelslicht.

An dem entscheidenden Abend beobachtet der jüngste der drei Sterndeuter während der ersten beiden Stunden die wundersame Welt der Gestirne. Er freut sich, als er am klaren dunklen Gewölbe die Nachtsonnen erkennt. Ein Bild nach dem anderen ertasten seine Blicke, bis er zusammenzuckt. „Ein großer Stern, ein feuergoldener, hier, wo sonst nie mehr als ein schwaches Flimmern den Himmelsausschnitt erhellt?" Er reibt sich die Augen, schaut das zweite, das dritte Mal hin: Das Wunder verweilt. Er muß die anderen beiden wecken, die größere Erfahrungen besitzen als er. Ihnen geschieht das gleiche. „Etwas Großes kündigt sich an", sagen sie, „dieser Stern ruft uns. Ein Leben hat begonnen, das die Welt verändern wird." – „Mir träumte, ein König werde geboren, einer, der ganz anders regieren wird, als es unsere Herrscher tun", erzählt der mit dem weißen Haar. „Ich muß seinem Stern folgen, damit ich ihn finde. Wollt ihr das auch?" – „Aber wir kennen nicht den Weg und auch nicht das Land", äußert der Braunhaarige, „vielleicht reicht unser Leben nicht aus, an seinen Ort zu wandern." – „Vielleicht ist es so", lächelt der älteste der drei Sterndeuter, „dann hätten wir es wenigstens versucht." – „Allein würde ich mich fürchten", der jüngste, mit den schwarzen Locken, sucht die Augen der anderen beiden, „aber ich wünsche mir so sehr, den König, dem die Götter dieses Himmelsfeuer angezündet haben, zu erkennen und ihm zu dienen."

Alles verlassen die drei Männer – drei, eine uralte heilige Zahl –, ihre Heimat, ihre Verwandtschaft, ihre Freunde, weil der Himmel mit seinen Sternen für sie Stimme des Göttlichen bedeutet. Und Könige, so glauben und erleben sie, sind Lieblinge der Götter.

Beim Anschauen der drei Magier aus dem Morgenland tritt aus den Heiligen Schriften der Juden die Gestalt Abrahams in mein Blickfeld, der aufbricht in eine ungewisse Zukunft, allein auf den Wanderstab des göttlichen Wortes gestützt. Dieses Wort heißt ihn während seiner langen Reise, die ihm schließlich als Irrweg erscheint, zum sternenübersäten Himmel aufzublicken und verheißt ihm Kinder und Kindeskinder, zahlreich wie die zahllosen geheimnisvollen Lichter.
Mattäus läßt die drei Sterndeuter aus einem unbekannten Land des Ostens nach unbekannten Mühen und Abenteuern, nach nicht erwähnten kalten und milden Nächten, in denen sie unter der Sternenlampe schlafen oder sich von dem goldenen Wegweiser leiten lassen, nach ungezählten heißen und regnerischen Tagen, nach einer Rückfrage im Jerusalemer Palast des Herodes in Betlehem eintreffen.

An den Hängen des Bergstädtchens suchen ihre geübten Augen vergeblich nach dem königlichen Schloß. Sie lagern sich zur Nachtruhe mit der unruhigen Frage in ihrem Innern: „Haben wir den Verkündigungsstern verloren? Jetzt, kurz vor dem Ziel?" Sanft wird ihr Bangen in der herabfallenden Dunkelheit fortgeleuchtet. „Seht", die Stimme des Braunhaarigen zittert und frohlockt in einem, „hier muß der neugeborene König sein Zelt aufgeschlagen haben. Ich möchte es heute noch erkunden; denn tagsüber gewinnt die Sonne den Himmel." Sie gelangen vor einen kleinen Flachbau. An der weißen Hauswand klettert ein knorriger Weinstock empor. Linkerhand fächert ein Feigenbaum das silbrige Geäst ins Mondlicht.

Am nächsten Morgen wechseln die drei Männer die staubigen Reisekleider und verneigen sich betend und dankend vor der aufgehenden Sonne, dem Licht ihrer Götter. Danach holen sie ihre Geschenke aus den Packtaschen, die ihr Lasttier so weit hergetragen hat. Freude und Erwartung beschwingen ihre Schritte. Die offene Haustür lädt sie ein. Nach dreimaligem Klopfen stehen sie Augen-Blicke später der jungen Mirjam gegenüber, die das Kind auf ihrem Schoß wiegt.

Sehen sie etwas Besonderes? Prächtige Kleider, Kronen, Dienerschaft, Heiligenscheine? All das hat gläubige Liebe des Volkes, der Künstler, erst später dem Jesuskind und seiner Mutter Maria geschenkt als äußere Zeichen. Es muß etwas ganz anderes sein, etwas, das nach de Saint-Exupérys Kleinem Prinzen nur die Augen des Herzens wahr-nehmen. Dieses Geheimnis läßt die weitgereisten Fremden, wie auch uns, in die Knie sinken vor dem kleinen Kind, der Verheißung neuen Lebens; dieses Geheimnis läßt königliche Geschenke niederlegen: Gold, unverfälschte, kostbare Liebe; Weihrauch: Duft der Verehrung aus geöffnetem Herzen; Myrrhe: aromatisches Harz, aus dem Duftöle bereitet werden, und Salben, um Tote vor dem Verwesen zu bewahren.

Gibt es eine Erklärung für diese wundersame Erzählung? Können wir sie mit Tatsachen belegen? So wenig, wie sich unsere Verwandlung im Wunder einer Liebe für alle erkennbar beweisen ließe oder nachmessen mit sogenannten objektiven Maßstäben. Mattäus, überzeugt von den Prophetien in den Heiligen Schriften seines jüdischen Volkes, Mattäus, geleitet von der Fantasie des Herzens, schaut die Geburt des geliebten Rabbi Jesus, des Gottgesandten, in seinem Glauben und läßt alle Bereitwilligen teilhaben an dieser inneren Erfahrung.

Tatsächlich erlebt, wie die Wanderungen mit Jesus durch Palästina, wie den See Genesaret, wie Jerusalem und Golgota, haben er oder andere Zeitgenossen Jesu Geburt in Betlehem und die Huldigung der Weisen aus dem Morgenlande nicht. In seinem Herzen sind sie dennoch wahr. So wahr, wie für unbefangene gläubige Menschen auf der Reise durch die Jahrhunderte die Verwandlung der Magier aus dem Land der aufgehenden Sonne in die Heiligen Drei Könige Caspar, Melchior und Baltasar.

Nichts ist für die kindliche Liebe zum Kind von Betlehem zu farbig und zu kostbar. Und müssen, gedrängt von Zuneigung und im Bewußtsein ihrer Würde, nicht Menschen der verschiedenen Völker und Kontinente Schönheit und Reichtum ihrer Länder dem heiligen Kind zu Füßen legen? Diesem Jesus, der nichts zurückbehalten hat, nicht einmal sein Leben, um glaubhaft Zeugnis zu schenken von der Maßlosigkeit göttlicher Liebe?
Alle sieht er kommen, der heilend Heilige, in den Bildern der prachtvoll ausgestatteten Könige und ihrem Gefolge. Wie in seinem Erdenleben umfängt sein Blick die Armen, Niedrigen und Ausgestoßenen: unmodern oder mit Lum-

pen bekleidet; nackt, ausgehungert und wund. Er sieht sie, geschmückt im Purpur ihrer Leiden, in der Seide ihrer Hoffnung, im Brokat und Hermelin ihrer Sehnsucht und Träume. Er nimmt aus ihren Händen dankbar liebend an das Gold ihrer mißachteten Würde und Arbeit; den Weihrauch ihres Vertrauens, ihrer Zuneigung und Verehrung; die kostbare Myrrhe ihrer täglichen Entbehrungen und Tode, in der sich Duft der Heilung verbirgt.
Königlich, das heißt begabt mit Menschenwürde, gesalbt als Kinder der heiligen Liebe, erwartet uns das im Heil behauste Kind von Betlehem, um sich uns zu ent-decken.

1990

WINTERTAG

Flockenregen
schenkt allen Wegen
ein Feierkleid.
Weit
dehnt sich das Land
in strahlendem Weiß.
Eis
glitzert auf Flüssen
und Seen.
Weiden
stehen gekrümmt
wie verwunschne
Gestalten,
denen Rauhreif
und Schnee
funkelnd
die Leiber bemalten.

Kein Laut
aus eines Menschen
Munde
bricht die Stille
dieser Stunde.

SPRICHT IM STRENGEN JANUAR

Spricht im strengen Januar
in das glasgefangne Schweigen,
rot der Strauch den Beerentrost
mit herabgebeugten Zweigen.

Aug' und Lippen lädt er ein,
Lauf und Vogelkralle,
bricht sein letztes Brot für alle,
frostgekeltert glüht sein Wein.

Matt verstummen Flügellieder,
Reif umspannt den kahlen Ast,
aber unter Haut und Bast
singen bald die Ströme wieder.

DU BIST MIR LANGE SCHON VERTRAUT

Wen ich damit meine? Den Februar natürlich. Den kleinsten Monat des Jahres, ein bißchen versteckt zwischen dem stolzen Erstling, den wir Menschen mit so viel künstlichen Sternen, mit so viel Sekt und Tanz, aber auch mit Einsamkeit begrüßen, und dem Frühlingsmonat. Wieviel Sehnsucht und Hoffnung strömt dem März nach der Dunkelheit und Kälte des Winters entgegen. Auf mich übte der Februar schon in meiner Kindheit besondere Anziehungskraft aus, weil ihm als einzigem unter den zwölf Brüdern jedes vierte Jahr einen Tag dazuschenkte. Das empfand ich als etwas Geheimnisvolles. Der Grund interessierte mich weniger, und in den ersten Schuljahren erhielten wir für diese wiederkehrende Zugabe nicht die genauen sachlichen Informationen, wie das nun schon seit langem üblich ist.

Mich bewegte die Frage, wie es wohl die am 29. Februar Geborenen mit ihrer Geburtstagsfeier halten, und ich empfand Mitleid mit ihnen. Nur alle vier Jahre ein richtiger Geburtstag? Das war ungerecht. Da konnte ich zufrieden sein mit meinem irdischen Ankunftstag in der Weihnachtszeit. Obwohl ich viel lieber im Sommer Geburtstag gefeiert hätte. Als Fest, das seine Bedeutung ganz ungehindert auszustrahlen vermochte.

Ein bißchen langweiliger als die meisten seiner Brüder war der Februar schon. In Schlesien allerdings und auch später in Mitteldeutschland beschenkte er uns noch zuverlässig mit den Winterfreuden des Schlittenfahrens und Schlittschuhlaufens. Und – das empfand ich bereits als Kind: die Tage wuchsen. Vom Feste der Erscheinung des Herrn an, so wußte meine Mutter, jeden Tag morgens und abends um einen Hahnenschrei, von Mariä Lichtmeß an täglich um zwei Mannesschritte.
Außerdem feierten wir im Februar ein Familienfest: den

Geburtstag meiner Mutter. Großeltern, Tanten und Onkel, Cousins – Cousinen fehlten leider in unserer Verwandtschaft – besuchten uns. Wir Kinder heimsten den Schatz einer Tafel Schokolade und vom Opa den eines blanken Fünfzigpfennigstückes ein. Bei aller unumgänglichen Sparsamkeit: Mutter hatte reichlich schlesischen Streuselkuchen und Rosinenbabe (Napfkuchen) gebacken. In den Hefeteig gehörte ein ansehnlicher „Schmunken" Margarine; denn der Kuchen sollte auch nach mehreren Tagen nicht trocken schmecken, und der Streusel mußte behäbig in goldbrauner Kegelform den Teiguntergrund vollständig bedecken. In die Babe gehörten viele Rosinen.
Meist fiel die Fastnacht in den Februar. Auch ein Tag seltener Genüsse: Pfannkuchentag. Hier heißt das von uns geliebte Gebäck „Berliner Ballen". Das ist richtig; denn mit den schlesischen Pfannkuchen sind die „Berliner" nur aufgrund ihrer Herstellungsart zu vergleichen. Eine ansehnliche Portion dickgekochtes Pflaumenmus wurde in guten Hefeteig gehüllt und dann im größten Topf gebacken. Es duftete durch das ganze Haus. Das Palmin mußte sieden, und die Teigkugeln schwammen darin, saugten das Fett ein und zogen sich einen braunen Knuspermantel an. Aus dem Topf gelangten sie sofort auf einen Teller mit Kristallzucker, wurden darin gewälzt, und so manches Mal durften wir einen noch warmen Pfannkuchen schnabulieren. Köstlich! Unvergeßlich! In den Kriegs- und Nachkriegsjahren allerdings mußten der Februar und wir uns mit der Erinnerung an diese Gaumenfreuden begnügen.

Am Fest Mariä Lichtmeß ging unsere Familie zum Gottesdienst und brachte geweihte Kerzen mit nach Hause. Gewitterkerzen! Im Waldenburger Bergland und auch an der Elbe, einer unserer Wanderstationen, tobten Gewitter manchmal stundenlang. Wenn es allzusehr krachte und Blitze die Nacht zerrissen, holte meine Mutter uns aus dem Bett. Dann saßen wir in Decken gehüllt in der Küche, eine

Lichtmeßkerze wurde angezündet und der Rosenkranz gebetet. Mein Vater schaute auf dem Dachboden nach, ob es hereinregnete, weil unser Hauswirt die Schäden nicht ausbessern ließ, und stellte Wannen und Schüsseln unter die lecken Stellen.

*Wie ich später mit dem Februar lebte?
Regendunkle Tage haben mich auch bedrückt, Schneematsch ärgerlich gestimmt, und die lange andauernde Kälte wünschte ich fort. Nicht selten, lieber Februar, lernte ich dich als unverhofft Schenkenden kennen.*

Der Garten schlief anscheinend noch bis in den tiefsten Grund, und er fröstelte. Mit Kopfschmerzen war ich aufgewacht. Lustlos – die Arbeit lief mir nicht weg – öffnete ich die Balkontür. Schaute. Ging ein paar Schritte. Schaute. Ein Wunder! Ich rieb mir die Augen. Ein Wunder? Ja. Deines. Oder: das der Zaubernuß (botanisch: Hamamelis). In deiner zweiten Lebenswoche, Februar, zündete der Strauch verschwenderisch gelbe Blüten auf seinen leblos vermuteten Zweigen an, Strahlenkugeln, zart und leuchtend zugleich. Wunder-voll. Lebenszeichen. Sonnen. Sie blieben. Wochenlang. Bei jedem Wetter. Danke, Bruder Februar.

In einem anderen Jahr machtest du mich mit dem Seidelbast bekannt, einem schlanken jungen Mann, hochgewachsen. Das geschah an einem deiner winterlichen Tage. Ich hatte in der Stadt zu tun und wählte als Weg die alten, stilleren Straßen oberhalb der immer lärmenden großen Verkehrsader. Als ich gerade einen schmalen Verbindungsweg durchschritt, gelang es der Sonne, zwischen grauen Wolkentüchern hervorzuschlüpfen. Eine Buchsbaumhecke auf der linken Seite gewann Farbe. Dahinter streckte sich der Seidelbast dem silbrigen Licht entgegen. Ich konnte ihn nicht übersehen, so freudig erglühte er in seinem Bräuti-

gamsschmuck, Blüte an Blüte, gekrönt von Schneekristallen. Gehört und gelesen hatte ich von ihm mehrmals. Nun durfte ich Zeugin sein, wie er in voll entfalteter Schönheit aufschaute zur Geliebten. Bewundernd hielt ich inne. Er bemerkte mich nicht. Danach habe ich ihn öfter besucht. Und obwohl er nur Augen für die Goldene oder Silberne hatte, beglückte mich jedes Wiedersehn.
Danke, Bruder Februar.

Viel früher in meinem Leben liegt ein Tag von dir fest in meiner Erinnerung verwurzelt. Ein wichtiges Examen sollte und wollte ich bestehen. Trotz der intensiven Vorbereitungen, der zahlreichen guten und gutgemeinten Ratschläge, kroch Angst in mir hoch, als der Wecker mich aus unruhigem, kurzem Schlaf holte. Während ich Tee trank, begann es zu dämmern. Wenn der Himmel mich doch ein wenig ermutigen und trösten wollte. Bitte, keine Trauerkleidung! Warst du empfänglich für meinen wortlosen Wunsch? Soll ich es Zu-Fall nennen? Ja. Dieser Morgen fiel mir zu als Geschenk. Unverdiente Sterntaler. Du setztest zartblaue Segel, hoch hinauf. Die Sonne nahm dich, mich und alle, die es wollten oder zulassen konnten, in ihre Arme. Auch in den strengen, farblosen Prüfungsraum ging sie mit, mich wärmend, mein Herz leicht machend. Wahrscheinlich tat sie auch den Prüfenden wohl, ihr Wohlwollen stärkend. Wer Prüfungen durchgestanden hat, weiß, wie wichtig das ist. Daß es über das weitere Leben eines Menschen entscheiden kann.
Danke, Bruder Februar.

Du bist keineswegs der geringste unter den Monaten des Jahres. Denn aus deinen Tagen schwingt sich getreu die Brücke, auf der wir dem Frühling und der heiligen Sonne entgegenwandern.

1986

FEBRUAR

schau mich an
gewiß, ich bin der zweite
Monat erst im Jahr
schreite nicht, wie mein Bruder Januar
einher in Königsschuhen
Truhen mit Nüssen, Äpfeln und süßen Sachen
findest du bei mir nicht
aber ich kann von Herzen lachen und
ich bringe das wachsende Licht

wenn ich ganz jung bin
trägt Maria den Sohn zum Altar
Dank und Erstlingsgabe mit heiligem Sinn
für Gott
der alles Lebendigen Erstling ist und war
und mich freut ihr junges Gesicht
das in dem Kinde ruht
ich empfange Liebe und Licht
ich empfange Hoffnung und Mut

auf den Feldern der Schnee
mischt sich mit erdiger Krume
See und Wald regen sich manchmal im Traum
wie ein Sternenflaum lächelt am Wiesensaum
aus der Winterblässe die erste Gänseblume

heute friere ich wieder – es schneit
meine Narrenmütze holt sich der Wind
anderntags staune ich wie ein Kind
denn die Sonne webt mir ein Kleid
wolkengetupft und himmelweit

freu dich daran und schmücke dein Herz
die Haselbüsche gelb und rot
feiern Hochzeit
nach Winterkälte und Tod
dreht sich die Erde osterwärts

1986

MASKEN

das leise Licht
glitt über eure Züge
lieh Leben
starrem Lachen
starrer Trauer
der nächste Augenblick
schon sagte: Lüge!
denn ihr seid tot
von unerlöster Dauer.
euch wachsen keine Fragen zu
kein Hoffen, keine Bitte
rührt euch an
in eine feste Form gepreßt
begann
und endet eure Zeit.

wie furchtbar
wenn ein einz'ger Mensch
sein Wesen
zu euch hin verläßt
nicht lacht, nicht weint
nicht hofft
und nicht mehr liebt –
wenn er sich, wie er glaubt
befreit
in euren Tod begibt.

VORFRÜHLING

Amsel
deine Flöte
klang heut
vor der Morgenröte
wieder süß im Garten

Amsel
ihre hellen Klänge
weckten plötzlich
die Gesänge
aus dem zugefrornen Jahr

Amsel
soll ich hoffen, warten?
wird, so wie dein Lied
im Garten
das Erhoffte wahr?

KLEINE SONNEN

Zu beiden Seiten des Stichkanals erlaubt ein schmaler Fußpfad, nahe am Wasser zu wandern. Wo sich Brücken über den Schiffsweg spannen, schlängelt sich der ausgetretene Erdstreifen die flache Uferböschung hinauf, umgeht die Pfeiler, verliert sich einige Meter auf dem Pflaster oder auf der staubigen Zufahrt und kehrt danach zu der ruhigen, gradlinigen Wasserbahn zurück. Im Winter recken sich rechts und links des Pfades fahle Gräser empor, soweit die Herbststürme sie nicht geknickt und zerfasert haben. Sie bilden eine verfilzte Wirrnis, ausgetrocknet und schmutziggrau gesaugt von den Nachtfrösten. Meterhohe, dürre Stengel des Rainfarns, die leeren Samenstände zerfranst, erheben sich inselartig hier und da in der jetzt trostlos wirkenden Bodendecke.

Dennoch lohnt es sich, auch zu dieser Jahreszeit hierher zu kommen. Wohltuend begleitet Stille die eigenen Schritte. Vereinzelt schwirrt ein Vogellaut ins Ohr, und wo sich nach Osten hin die ruhenden Felder erstrecken, durchsegeln Greifvögel in weitgeschwungenen Kreisen den Himmel. Das Geräusch eines Lastkahns schwillt an und verliert sich wieder.

Zauberhaft muten Rauhreiftage an. Dann gewinnt jedes ausgelaugte Grasbüschel, jeder abgestorbene Pflanzenstengel bizarre Schönheit, und ein glaszartes Klingen scheint die Stille zu durchschweben.
Früher gingen auf den schmalen Flankenwegen des künstlichen Wasserlaufs die Treidler und zogen an kräftigen Seilen die Kähne bis zum Hauptkanal, wo sie dann zu Schleppzügen zusammengestellt wurden. Wieviel Schweiß mag da salzig die Lippen benetzt, die Kleidung durchnäßt haben, wie mußten sich die Muskeln anspannen, wie mögen die Adern als Stränge auf den Handrücken hervorgetreten sein und sich die weichen Handflächen durch die harte Arbeit mit Hornschichten bedeckt haben.

Nebelluft, tiefhängende Wolken, das behagliche Wohnzimmer haben dich und mich längere Zeit ferngehalten vom Kanal. Heute – sieh doch – wie die Sonne durch die Fenster strömt, verheißungsvoll, wie sie uns in ihre Wärme locken will, in luftige Weite, in die Verwandlung! Ich weiß, daß du aufräumen wolltest, alte Zeitungen und Zeitschriften aussortieren und bündeln für die Altpapiersammlung, und ich müßte endlich einige Briefe beantworten, Texte ins reine tippen und und und ... Jetzt aber lädt uns ein Mittag ein, der Frühling ahnen läßt. Laß uns aufbrechen in seine Überraschungen!

Weshalb lösen wir Menschen uns oft so schwer von einer Zeiteinteilung, die nicht zwingend ist? Weshalb öffnen wir nicht die Tür, wenn die Freiheit einer Stunde anklopft?

Auf dem noch feuchten Treidelpfad verwöhnen uns jetzt Licht und Wärme, das Wasser atmet Ruhe und Verschwiegenheit. Atemholen. Lauschen. Schauen. Ein wenig begegnen wir uns selbst, ohne anderen Menschen zu begegnen. Aber vielfaches Leben ist gegenwärtig, auch wenn wir es nicht oder noch nicht sehen.

Meine Augen suchen den uferseitigen Pflanzenstreifen ab. Im Herbst überlappten da und dort noch die großen Blätter des Huflattichs kleinere Wildpflanzen. Der Frost hat sie gemäht. Drängen die geschuppten Blütenstengel noch nicht zum Licht, um, von der Frühmärzsonne gestreichelt, ihre kleinen Sonnen zu entfalten? Diese goldgelben ersten Kinder des Frühlings, deren Körbchen in vielen feinstrahligen Zungenblüten aufleuchten, haben mich jedes Jahr beglückt. Sie brauchen die Verbindung mit der Erde und die große Sonne. In der Vase schließen sie sich zu, kümmern.

Huflattich – eine Pflanze, die auf Ödflächen, sogar auf sogenannten Schuttplätzen wurzelt; eine Pflanze, die Heilkräfte in sich birgt. Blüten und Blätter vermögen als Tee quälenden Husten wohltätig zu lösen.

Dankbar genießen wir das Geschenk der Stunde; lassen uns heilen von Hektik, Alltag und Bedrückung. Wenn uns heute die Huflattichsonnen nicht mehr aufscheinen sollten, werden sie es beim nächsten Spaziergang tun.

1991

HEIMWEG IM MÄRZ

Nebenstraßenstille
gibt dem Abend Stimmen zurück
auf den Pflastersteinen
hört sich mein Schritt
Amselängste
streichen im Tiefflug vorüber
während vom First
geflötete Zuversicht
schwebt
Weißdornhecken
halten den Atem an
wenn der Wind noch
nach dürren Blättern sucht
Knospen flüstern
im dichten Gedörn
Schneeglocken lächeln
der Erde zu

über den Dächern schwimmt
lichtgetränkter Dunst

glücklich spüre ich
wie der Abend zögert
sich der Nacht zu vertrauen
und das Keuchen der Meute
hat sich
verloren

STERN IM DUNKEL?

„Die Frau sieht gut aus", denkt Nicola Franke, „und wie fröhlich sie mit ihrem kleinen Jungen spielt." Mit einem Blick hat die Achtzehnjährige, seit kurzem in der Ausbildung bei einem Kinderarzt, die Erscheinung Irene Gerwigs erfaßt: mittelgroß, schlanke Figur, frisches Gesicht, zu dem das dunkelblonde, kurzgeschnittene Haar einen lebendigen Kontrast bildet, sportlich gekleidet. „Die ist bestimmt glücklich", denkt Nicola. Am selben Vormittag erfährt sie, daß der fünfjährige Benjamin, einziges Kind, an Krebs erkrankt ist. Acht oder zehn Monate wird er noch zu leben haben, soweit sich der Verlauf dieser tückischen Krankheit abschätzen läßt. Alle in der Praxis bewundern Benjamins Mutter. Sie ordnet ihren Schmerz unter. Benjamin spürt den nahenden Tod noch nicht. Er soll, solange es möglich ist, ein glückliches Kind sein.

Welchen Sinn mögen Irene Gerwig und ihr Mann der furchtbaren Krankheit, dem frühen Sterben ihres Kindes abgewinnen? Kann das ein Mensch überhaupt? Dürfen sie es sinn-voll finden, daß ein kleiner Mensch, der gern lebt, in dem die meisten Gaben und Fähigkeiten noch auf Entfaltung warten, bereits dem Tod gehört? Selbst wenn ihnen ein starker Glaube geschenkt wäre, könnten sie jetzt sagen: „Der Herr hat gegeben, der Herr hat genommen, der Name des Herrn sei gelobt"? (Buch Ijob, 1, 21)

Und was empfindet Anna Maurus wenige Tage nach der Beerdigung ihres Mannes, als es still wird um sie? Der Zweiundfünfzigjährige war ungewöhnlich spät noch nicht von der Arbeit zurückgekehrt. Um sicher zu sein, ob er noch unterwegs war, schaute sie in der Garage nach, und sie fand ihn, zusammengesunken am Steuer: tot. Seit elf Stunden. Herzversagen. Ende einer harmonischen Ehe. Ohne Vorwarnung. Tochter und Sohn studieren, das Haus ist noch nicht abgezahlt.

Oder Hildegard und Rainer Hollmann: Nach zwei Fehl-

geburten in drei Ehejahren hofften sie erneut auf ein Kind. Die kritische Zeit war diesmal überschritten. Sie dürften sich freuen, meinte der Arzt. Bei der Geburt erlitt die kleine Tochter so schwere Hirnverletzungen, daß sie niemals laufen und sprechen wird.

Früher habe ich öfter das Wort gehört: „Wen der Herr liebt, den züchtigt er." Ich habe es nicht aufnehmen können, wahrscheinlich auch deshalb, weil Züchtigen den Bedeutungsinhalt von Strafen hat. Zum heilschenkenden Gott gehört aber das Annehmen des Menschen, das Trösten. Im Leid, das uns trifft, ein Zeichen der Liebe zu erkennen, die uns nicht allein läßt, einen Wegweiser zur Mensch-Werdung, zur Vollendung, bedarf wohl eines weiten, beschwerlichen Weges.

Von Dunkel umgeben den Stern des Heils zu entdecken, bedarf wohl des unaufdringlichen und treuen Weggeleits von Mit-Menschen; bedarf wohl nicht gutgemeinter frommer Ratschläge, sondern der Gebärden und Taten des Mit-Tragens, Mit-Fühlens, Mit-Leidens, Mit-Hoffens.

Vielleicht erfährt der Leidende unerwartet, wie kost-bar das in seinem Leben ist, was er behalten durfte: die letzten Monate oder Wochen mit dem geliebten Du; das von allen Maskierungen und Übermalungen befreite Gesicht der Liebe; das aus den Ketten der Habsucht, den tausend Schnörkeln der Nebensächlichkeit, den Verkrustungen zu starker Eigenliebe erlöste Herz.

Vielleicht umfängt die vom Schmerz Erschöpfte nach langer Durststrecke die Oase; süßes Wasser strömt ihr entgegen mit der Botschaft: So kost-bar bist du für Gott.

Vielleicht schmeckt der Mensch jetzt mit seiner ganzen Tiefe, seinem ganzen Wesen das Geschenk Leben. Ein Geschenk, das sich auf unvorstellbare Weise fortsetzen soll im Durchschreiten der dunklen Gewißheit des Todes.

1983

WENDE

Noch gestern
beugte sich der Strauch verschneit
und hielt die kahlen Zweige
dicht zusammen.
Heut grüßt er uns befreit
in goldnem Flammen

Noch gestern
schien ein jeder Weg vereist
sich deinem Aufbruch zu versagen.
Heut weißt du dich
gerufen und getragen.

1975

ÜBERRASCHUNGEN

Der Tag fing wie jeder andere an:
Qual des Aufstehns, halbes Frühstück,
Sturz zur Haustür
und dann – traf dich unmittelbar das frühe Licht –
da entdecktest du plötzlich
ein neues Gesicht
an alltäglichen Menschen und Dingen;
wie es kam, verstandest du selber nicht,
doch am liebsten wolltest du singen

Als vor kurzem der Nachbar vom Frühling sprach,
von Blumen und Vögeln,
äfftest du ihn nach,
weil es dich überhaupt nicht freute.
Aber wie benahmst du dich heute?
Bewundernd bliebst du am Gartenzaun stehn,
als hättest du nie grüne Spitzen gesehn;
und du summtest fröhlich im Weitergehn
zu Finken- und Meisengeläute

GESCHENKT DIE ZEIT, ZU WERDEN

geschenkt die Zeit, zu werden
die anderen Schritte zu tun
befreit vom Zwange: ich halte mit!
befreit aus der Zange: mein Profit!
die Zeit geschenkt, zu werden

laßt uns essen das einfache Brot
schmecken Kruste und Krumen
den Duft von Brot und Blumen
dankbar am Erdentisch

laßt uns suchen das klare Wasser
trinken Tropfen und Quelle
den Trost aus Wolke und Welle
dankbar am Erdentisch

laßt uns öffnen die sichere Tür
teilen Hunger und Haben
das Heil der göttlichen Gaben
dankbar am Erdentisch

geschenkt die Zeit, zu werden
die anderen Schritte zu tun
befreit vom Zwange: ich halte mit!
befreit aus der Zange: mein Profit!
die Zeit geschenkt, zu werden

OSTERN IST NICHT NUR EINMAL

Es war in den ersten Apriltagen des Kriegsjahres 1945. Zutiefst bangend und hoffend hatten Menschen Ostern gefeiert. Die Sonne schien, als sei die ganze Welt beseelt von Auferstehung, von neuem Frühling. Durch den mitteldeutschen Ort strömten zurück – nein – stolperten, schleppten sich deutsche Soldaten, gejagte und stockende Reste, die Rote Armee auf den Fersen. Wohin? Die Elbe, vier Kilometer westlich von hier, wie eh und je unbeeindruckt vom Tun und Treiben der Menschen, ihrer Mündung im Norden zustrebend, bildete eine nicht mehr zu überschreitende Grenze. Soldaten: ergraute Männer und kindliche junge Gesichter; um die schmalen Gestalten der Sechzehn- und Siebzehnjährigen schlotterten die Uniformen.

Dieser helle, warme Mittag, welch ein Geschenk, wenn nicht die grauenvollen letzten Zuckungen des Krieges die Menschen umtrieben, im Nacken die Schrecken des Erlebten und bedrängt durch die Angst vor dem Kommenden. Schweiß zeichnet Rinnsale in die verstaubten Gesichter der Soldaten, Erschöpfung nistet darin, äußert sich in jeder ihrer Bewegungen.

An die Straße sind Kinder gekommen, und von ihnen gerufen die Mutter und Großmutter. Sie fragen die Männer nach ihrem Woher und was nun geschehen werde. Ein etwa fünfundvierzigjähriger Gefreiter hält an: „Setzt euch, Jungens", fordert er die kleine Gruppe kindlicher Soldaten auf, die anscheinend zu ihm gehören, und zu den Frauen gewandt erklärt er: „Wir sind die letzten. Wir sollen uns hier verteidigen." – „Hier?" Hedwig Förster beschreibt mit den Augen einen Kreis in der Luft, der die zwei aufeinandertreffenden Häuserzeilen im Rücken der Männer umschließt und den sich rechterhand vor ihnen ausdehnenden Friedhof, dem jenseits der Straße eine Fläche unbe-

bauten Landes gegenüberliegt, nichts als struppiges Gras und Brombeergerank beherbergend. „Was gibt es hier zu verteidigen und wofür?" – „Befehl", antwortet der Landser und zuckt mit den Schultern. „Die Elbe läßt sich zu Fuß in dreiviertel Stunden erreichen", erklärt die Frau, „früher gingen wir zum Schwimmen hin." – „Früher", sagt der Soldat, Härte und Zittern bedrängen sich in seiner Stimme, „das klingt wie ein Märchen."
„Habt ihr etwas Zeit?" fragt Hedwig Förster. „Bis der Leutnant kommt." „Ich beeile mich."
Die Witwe, deren Mann 1942 gefallen ist, schickt ihre Kinder mit dem Korbstuhl und den Küchenstühlen an die Straße. Dann tragen sie Kissen und alte Decken herbei. Wenig später halten die Männer Tassen mit Kräutertee in den Händen, und es gibt auch mit Wasser verdünnten Himbeersaft. Himbeersaft – ein Schatz, den Hedwig Förster lange für ihre Kinder im Kellerregal versteckt hatte. „Mensch, fast wie zu Hause", sagt einer der Jungen. „Trinken Sie doch auch mit", bittet ein anderer. Da sitzen sie miteinander auf dem Bürgersteig, zueinandergewürfelt durch den gnadenlosen Spieler Krieg und spüren für Augen-Blicke Geborgenheit. Als würden sie sich kennen. Als gäbe es inmitten von Zerstörung, Tod und Sinnlosigkeit einen unverwundbaren Ort.

„Mehr haben wir nicht", bedauert die Frau, als die Limonade zur Neige geht. „Es ist gut so", lächelt der grauhaarige Soldat, „ich heiße Franz", „und ich Hedwig", lächelt die Frau zurück, „ich bin gleich wieder da." Sie nimmt ihre drei Kinder mit ins Haus, und nach fünf Minuten stellen sie eine große Emailleschüssel auf einen Hocker, gießen aus dem mitgebrachten Eimer Wasser hinein und verteilen Handtücher. Die Soldaten waschen Gesicht und Hände. „Ich fühle mich wie neugeboren", sagt Franz, und als er Hedwig das Handtuch zurückgibt, fügt er leise hinzu: „Vielleicht ist es das letzte Mal."

Aufdringlich sirrt ein Motorengeräusch heran. „Der Leutnant, Jungens." „Der ist ein Scharfer, anders als du, Franz." Wer von den Jungen hat die Wahrheit ausgesprochen? „Will der noch siegen?" fragt die Großmutter, die bis jetzt wortlos dabeigewesen ist, in die gespannte Stille hinein. Keiner antwortet. Eilig laden sie ihr Gepäck auf Rücken und Schultern. Beim Verabschieden streicht die Frau den Jungen mit einer raschen Bewegung übers Haar. „Gott vergelt's", dankt Franz, „manchmal geschehen Wunder." „Ostern ist nicht nur einmal", sagt Hedwig nach einer winzigen Pause, ein wenig erschrocken, woher ihr die Worte so selbstverständlich zugekommen sind. Die sich entfernenden Schritte des kleinen Trupps nehmen auch Großmutters inbrünstig geäußerten Wunsch: „Ich will, daß ihr heil nach Hause kommt!" mit.
Keiner drehte sich um. Eine halbe Stunde später hörten die Toten auf dem Friedhof und die Lebenden draußen, wie auf Befehl des Leutnants die Soldaten begannen, Löcher in die bisher unversehrte Umfriedung zu schlagen.

1992

ÖSTERLICHES

um lichtbraun Gewölbtes
schwebt das Gefieder
früher Anemonen
Weidenliebe streut
Sonnenpunkte
meine Augen ruhen
wo deine Finger behutsam
sich legten
um die winzige Wiege

MARIA VON MAGDALA WEINTE UND WANDTE SICH UM *JOH 20, 11–25*

Maria, Maria
ich bin es
deiner Liebe vertraue ich
Ostern an
deiner Kraft die Botschaft des Lebens

unsre Brunnen aus der Tiefe
waschen Wunden, lösen Leid
unsre Brunnen aus der Tiefe
schwingen hoch den Regenbogen

Rabbuni, Rabbuni
du bist es
deine Sendung empfange ich
voller Glück
deine Botschaft trage ich aus

unsre Brunnen aus der Tiefe
waschen Wunden, bringen Heil
unsre Brunnen aus der Tiefe
schwingen hoch den Regenbogen

ENDE DER NACHT

Zögernder Morgen.
Aufschimmern silbriger Rinde
im Nebellicht.
Hör,
wie im Lied der Winde
hinter Schleiern verborgen,
dir der Himmel
den Himmel verspricht

Ende der Nacht
in göttlichem Glanz,
strahlende Bläue singt er
in dich hinein;
singt es dir wieder aufs neue:
Jesus, vom Tode erwacht,
will dir Befreiung
und Leben sein

DU BIST GELIEBT

Wenn ich die Sprache erfinden müßte,
die dein Herz mit der Botschaft erreicht:
Du bist geliebt –
alle Gaben und Kräfte,
die Gott mir gewährt,
müßten aus fremden Metaphern
das Lied der Mütter dir schaffen,
uralte Weise auf neuer Straße:
Du bist geliebt!

Wenn die Gebärden des Liebens für dich
hinter dunklem Siegel verschlossen lägen,
ohne müde zu werden
wollte ich sie
immer aufs neue dir schenken,
bis sie dein Herz erfüllten,
drängend, selber sich auszuteilen:
Du bist geliebt!

DIE ZWEITE REISE NACH MALTA

Wieder ein anstrengender Tag. Die ungezählten Handgriffe, die ein Fünfpersonenhaushalt mit drei Kindern im Alter von zwei bis acht Jahren abverlangt. Die Wünsche und Fragen, die kleinen Streitereien der Kinder, ihre Kümmernisse, ihre lebhaften Einfälle, ihre Lebensfreude und ihr Bedürfnis, gelobt und geliebt zu werden. Aber jetzt gehört ihr eine Stunde. Ich sagen dürfen. Gerhard ist mit den dreien ins Schwimmbad gefahren. Ferien.
Ferien? An eine Reise ist nicht zu denken. Diesen Preis haben sie für das Haus zu zahlen. So klein gebaut, daß die finanzielle Belastung sie nicht erdrückt; so groß, daß die Kinder sich entfalten können. In der Etagenwohnung war es nicht mehr auszuhalten.
Ach, wie gern würde sie wieder einmal verreisen, wie früher. Gerhard auch. Vor zehn Jahren, träumt sie zurück, sucht das schmale Heft, eines der Urlaubstagebücher, das sie begonnen hat. Seiten sind leer geblieben, weil schließlich die Tage ausgekostet wurden, die Minuten, weil sie Briefe schrieb, Karten, Gedichte. Und doch erweckt sie so gern mit dem Tagebuch vergessene Einzelheiten zum Leben.

Das war in den Osterferien, 27. März.
„Flug in der Lufthansamaschine von Düsseldorf nach Rom! Wir bekommen gute Plätze vor den Flügeln (wäre Tragflächen nicht richtiger? Aber Flügel ist schöner). Die Sicht ist zunächst schlecht. Bald fliegen wir über Wolkenfeldern, die wie eine riesige Herde weißer Schäfchenrücken aussehen, so wollig, rundlich und dabei schwebend. Über uns spannt sich ein unermeßlich tiefblauer Himmel. Und diese Sonne! Wir spüren kaum, daß wir fliegen. Dabei bewegt sich die Maschine mit 800 Stundenkilometern durch die Luft. Zehn Kilometer beträgt unsere Flughöhe. Für uns ist alles neu. Mit der Selbstverständlichkeit alter ‚Flughasen' nehmen wir also die Eindrücke nicht hin.

Nach einiger Zeit reißt die Wolkendecke auf, und wir staunen über das Schachbrettmuster von Feldern und Wiesen, die hellen Bänder der Straßen und die kleinen und großen Würfel der Ortschaften, die von uns hier aus wirklich wie auf einer Wanderkarte aussehen. Die berühmte ‚Vogelschau'. Da! Ein überwältigender Ausblick: die tiefverschneite Alpenkette! Gipfel an Gipfel erstreckt sie sich weit in das Land hinein, und wir schauen auf die in den Himmel stoßenden Steinspitzen, als wären es Hügel. Es ist so schön und großartig, daß man es eigentlich nicht richtig sagen kann. Gerhard fotografiert.
Nach einiger Zeit sehen wir unter uns steinige Höhenrücken, an den Flanken bewaldet, mit den Windungen vieler Wege überzogen. „Häuschen" finden sich bis zu den höchsten Punkten. Italien! Kurz darauf ertönt aus dem Lautsprecher die Mitteilung des Flugkapitäns, daß wir in etwa zehn Minuten in Rom landen werden. So schnell überwinden wir heute Entfernungen.
Auf dem Flughafen haben wir etwa drei Stunden Zeit, ehe unsere Maschine nach Malta startet. Draußen ist herrliches Wetter, aber wir müssen die Pause drinnen wartend verbringen. Schade! Welch ein Wettlauf mit der Zeit in den letzten Tagen, um alles zu schaffen, jetzt will sie zu langsam vergehen. Ganz unterschiedliche Menschen sitzen mit uns im Raum. Besonders fallen uns Asiaten auf, wahrscheinlich Vietnamesen und Leute von den Philippinen. Graziöse Frauen, schlanke Männer und die Kinder, die ich dauernd ansehen möchte. Es sind auch viele Italiener nach Neapel und Venedig unterwegs. Daß wir uns im Süden befinden, merken wir am ungezwungenen Verhalten der Menschen, an ihren lebhaften Gesprächen.
Ein Flug nach dem anderen wird aufgerufen. Wir beobachten immer wieder, wie Maschinen zur Landung ansetzen, wie andere starten. Besonders der Start ist jedesmal faszinierend."

Gabriele hält inne. Ach ja, Malta. War es ein Traum? Sie blättert weiter.

28. 3.

„Nach dem Frühstück unternehmen wir den ersten Bummel in Sliema. Überall spüren wir deutlich: Wir sind unter Menschen anderer Lebensart. Aber ich möchte nicht sagen: Unsere ist besser. – In den Geschäftsstraßen reiht sich Laden an Laden oder Lädchen an Lädchen. Die Schaufensterauslagen wirken oft rührend in ihrer Naivität nach unseren westdeutschen Maßstäben. Teilweise bieten sie ein solches Sammelsurium, daß wir einfach staunen. Kleider, Körbe, Spielzeuge hängen über den Türen, vor den kleinen, in Holzleisten gefaßten Schaufenstern. Viele Läden bestehen aus einem winzigen Raum oder aus einem langen Schlauch, worin eine Unmenge von Dingen Platz gefunden hat. Eine reizvolle, zu entdeckende Welt. Die winzigen Blumenläden beherbergen an ihren Wänden von der Decke bis zum Fußboden ein Mosaik von Tütenvasen mit frischen Blumen in allen Farben. Duftige und duftende Träume. Fast immer geben sich Verkäuferinnen und Verkäufer große Mühe mit der Bedienung. Sie versuchen mit natürlicher Freundlichkeit über Sprachschwierigkeiten hinwegzuhelfen. Viele Dinge können wir als Touristen billig einkaufen, gemessen an unserem Verdienst und dem Umrechnungskurs.

Straßen und Bürgersteige sind schmal, pulsierendes Leben erfüllt sie bis in die späten Abendstunden hinein. Autos in allen Größen und Altersklassen beherrschen das Stadtbild. Beinahe unentwegt ertönen Hupen, steigern sich zuweilen zum Hupkonzert, aufreizender Dreiklang herrscht vor; denn der Verkehr wird fast nirgends durch Ampeln geregelt. Undenkbar für uns ordnungsliebende Deutsche. Weshalb wundern wir uns, daß wir kaum Zeugen von Verkehrsunfällen werden bei diesen quirlenden Straßen? Wir bemerken aber auch, daß eine Schramme oder Beule am

Auto nicht tragisch genommen wird. Eine Mentalität, von der uns etwas fehlt. Kinder sind hier wichtiger.
Zwischen den Läden tauchen häufig Werkstätten von Schneidern und Schuhmachern auf. Wenn man einige Schritte in den Laden hineingeht, findet man den Schneider an der Nähmaschine arbeitend und trägt ihm gleich sein Anliegen vor. Wir sind in einer solchen Werkstatt gut bedient worden. An Gerhards heller Hose mußte der Reißverschluß erneuert werden.
Auch am Nachmittag bummeln wir durch Sliema. Wir gehen einfach durch unbekannte Straßen, um Eindrücke zu sammeln. Die Häuser sind Wand an Wand gebaut. Sie haben blau oder gelb gestrichene zweiteilige Haustüren, die oben einen Bogen beschreiben. Große runde Türknäufe, meist aus Messing, und dann blank geputzt, dienen zum Öffnen. Oftmals bewundern wir Türgriffe, die als Delphine geformt sind. Ob das mit dem Inselleben überhaupt zu tun hat oder auf besondere Ereignisse zurückgeht? Vielleicht entdecken wir in der Literatur etwas über die Herkunft dieser Besonderheit. Vor den Fenstern befinden sich ebenso bunt gestrichene Läden und im ersten Stockwerk kleine geschlossene Holzbalkone in den gleichen Farben. Fast alle Straßen verlaufen ganz gradlinig. So erblickt man Holzbalkon an Holzbalkon. Auf den flachen Dächern flattert die Wäsche im Wind.
Nachmittags sitzen auf der Treppenstufe vor dem Haus Männer und Frauen, sie halten kleine Kinder auf dem Schoß und sprechen lebhaft miteinander. Dunkelhaarige Jungen und Mädchen stehen in Gruppen zusammen, spielen, sitzen auch auf dem Bürgersteig. In den meist kahl wirkenden Straßen entdecken wir plötzlich schmale Gärten hinter Steinmauern mit blühenden Bäumen, Palmen und Gras. Überraschende Oasen."
Gabriele legt das Heft aus der Hand. Oasen. Begegnungen. Die Erinnerung hält Bilder bereit. So den kleinen Platz, auf den zwei Straßen zuliefen, mit dem weitausladenden

Feigenbaum. Smaragdgrün – nein – wärmer – der Blatthimmel, ausdrucksvoll die Form der Blätter, fast reife Früchte. Gerhard und sie hatten sich ein wenig verlaufen, blickten sich um, den Stadtplan in der Hand. Eine Ordensfrau kam auf sie zu. In englischer Sprache versuchten sie, sich zu verständigen, lächelten sich an, und schließlich schrieb die Nonne ihre Adresse auf einen Notizzettel. Der Abschied war herzlich.
Die alte, menschenleer gewordene Hauptstadt im Inneren der Insel mit dem arabischen Namen „Mdina", den engen, hoch eingemauerten Gassen, dem Dom wird lebendig. Dort trafen sie den Franziskanerbruder, den wirklich armen. Seine abgewetzte Kutte hielten unzählige grobe Stopfereien (wohl von eigener Hand) zusammen. Mit Liebe zeigte und erklärte er ihnen den alten Dom, den er so gern erhalten und zu seiner einstigen Bedeutung zurückführen wollte. Er betrachtete sie als Freunde, weil sie ihm interessiert zuhörten und ein paar Geldstücke zusammensuchten für seine Kirche. Er freute sich so über diese Begegnung, daß er sie bat, zu warten, kehrte nach einigen Minuten zurück und schenkte ihnen eine kleine Faltkarte mit aufgedrucktem Gruß und einer gepreßten Blüte aus Jerusalem, die ihm sicherlich wertvoll war. Er hatte sie selbst aus der Heiligen Stadt mitgebracht. Die Anschriften wurden ausgetauscht, später noch Briefe.
Ob es heute noch so schön ist auf der Insel Malta, denkt Gabriele, die Menschen noch so aufgeschlossen und zufrieden, nachdem der Tourismus das Eiland mehr und mehr in Besitz genommen hat? Damals hatten sie sich vorgenommen, Malta ein zweites Mal zu besuchen. Diesem geschichtsträchtigen Stück Erde und seiner lebendigen Gegenwart wandernd, schauend und hörend näherzukommen.
Es klingelt Sturm an der Haustür. Die Kinder und Gerhard kehren zurück. Zeit, für das Abendbrot zu sorgen.

1985

DOMPFAFF

Vagabund
im grauen Frack und
der rosenroten Hochzeitsweste
bist du immer noch auf Reisen
oder
stellst du mir die Liebste vor
um dich seßhaft werdend
einzurichten?
ja, mein Apfelbaum gefällt dir
wohl
aber lasse ihm und mir
von den grünumpelzten Knospen
noch genug für dieses Jahr

er will atmen, blühen
Samen bilden
und ich möchte
wenn die Sonne scheint
unter seinem kühlen Dache sitzen
und im Herbst
die roten Äpfel kosten

Dompfaff
hörst du zu?

ERWECKTE AUGEN

warte –
überlaß dich dem Augen-Blick
hinter den Lidern

schon bewegt sich der Himmel
angerührt
von den Flügeln der Vögel
und die Hügel
beginnen zu tanzen

hingegeben
erfährst du Auferstehung
und findest beglückt dich
in neuen Strömen des Lebens

deinen erweckten Augen
begegnet die Erde
blütenbetaut

FRÜHLINGSREGEN

durch deine Perlenschnüre
vor meinem Fenster
sehe ich
Birken über lichten Stämmen
grüne Schleier entfalten
deine tanzenden Tropfen wecken
Feuertulpen im jungen Gras
und erinnern die Hyazinthen
an ihren Duft

mit mir
lauscht staunend der Kleiber
deinem gläsernen Lied
bis zur letzten Strophe
will er nicht warten
durch den atmenden Garten
fliegt sein übermütiger Ruf
und bewegt
deine Perlenschnüre
vor meinem Fenster

JUNGER APFELBAUM

mädchenhaft schmal
trägt dein Stamm
die kleine Krone
neben dir der bejahrte Kirschbaum
schäumte über im Blühen
unzählbar zarte Einzelne
verschmolzen im bräutlichen Schleier
anders dein Reichtum:
jede Blüte ein Muttergesicht

DER ZWEITE SONNTAG IM MAI

Jedes Jahr im Frühling, wenn Geschäftsleute aller Branchen plötzlich ihr Herz für die Mütter entdecken und dieses dann in allen erdenklichen Größen und Farben, sei es handgemalt, sei es auf Karton gedruckt, umgeben von so sinnigen Sprüchen wie: „Für den schönsten Tag des Jahres" oder „Freude machen, Schönes schenken, an die liebe Mutter denken" oder „Alles für die liebe Mutti", in die Schaufenster hängen, scheinen sich mein Charakter und mein Gemüt krankhaft zu verändern. Ich verspüre dann nämlich den fast unbezwinglichen Drang, Schaufenster einzuschlagen und die blumenumkränzten Herzen abzureißen, die als Preisschilder Kaffeemaschinen, Staubtücher, Luxusgeschenkpackungen mit Seife und Eau de Cologne, Plockwürste und Topfblumen zieren und die über gebündelten Nachthemden, Frottétüchern, Partyschürzen und

Kaffeedosen baumeln; sowie die Pyramiden von Bonbonnieren zum Sonderpreis umzustoßen und die Muttertagskarten für alle Geschmacksrichtungen auf den Boden zu werfen und darauf herumzutrampeln.
Den sich drängenden Kaufbeflissenen beiderlei Geschlechts möchte ich donnerstags vor dem zweiten Maisonntag, wenn ich wie immer meine Wochenendeinkäufe erledige, zurufen: „Merkt ihr denn überhaupt nicht, wie mit euren Gefühlen Schindluder getrieben wird? Schämt ihr euch nicht, ein billiges Alibi zu kaufen? Wollt ihr nicht endlich mit diesem faulen Zauber Schluß machen? Die Mütter werden euch dankbar sein!"
Aber das alles tue ich nicht.
Am Abend überlege ich angestrengt, worüber sich meine Mutter und meine Schwiegermutter freuen könnten, und eile am folgenden Morgen durch die Geschäfte, um noch etwas Passendes oder Unpassendes zu finden. Sonnabends kaufe ich zu überhöhten Preisen zwei entzückende Blumensträuße und bereite mich, wenn ich abends im Bett liege, seelisch auf den kommenden Tag vor.
Ich stehe am zweiten Maisonntag nicht um die gewohnte Zeit auf, weil ich die Vorbereitungen meiner Familie um keinen Preis stören möchte. Schließlich schleiche ich mich doch ins Badezimmer und warte später im Schlafzimmer, bis ich feierlich gerufen werde. Dann betrete ich strahlend das Wohnzimmer, lausche gerührt dem Flötenspiel der beiden Ältesten und dem atemlos hervorgestoßenen Vers der Jüngsten, nehme ebenso gerührt die grellbunte Keramikvase, die angeschmuddelten selbstgehäkelten Topflappen, das Teenager-Briefpapier und die gemalten Glückwünsche von den Kindern und von meinem Mann den Strauß roter Rosen und die Flasche Parfüm entgegen.
Beim Frühstück – mit seinen Vorbereitungen habe ich einmal jährlich nichts zu tun – lobe ich überrascht den auf einer Seite etwas verbrannten, im Inneren noch leicht flüssigen Apfelkuchen und komme mir anschließend, erwar-

tungsgemäß im Sessel ruhend und dabei angestrengt und mit leiser Nervosität auf die Geräusche aus der Küche lauschend, als einzig Müßige meiner schwerarbeitenden Familie etwas überflüssig vor.
Einmal geht auch dieser, der Mutter geweihte Tag zu Ende, und am folgenden Morgen erhebe ich mich leise – im Gegensatz zu den sonstigen Montagen auch wesentlich früher – aus den Federn, um in der seit gestern erheblich veränderten Küche zur rechten Zeit das Frühstück gerichtet zu haben.
Während ich später allein in der Wohnung bin, atme ich erst einmal tief durch, seufze laut und beginne mit dem unvermeidlichen Hausputz meiner Küche nach dem zweiten Maisonntag. Während einer kurzen Kaffeepause steigt in mir Dankbarkeit gegenüber der Erfinderin des Muttertags auf, der in ihrer Weisheit die jährliche Feier genügte.

1976

DANK

für unsere Tochter

wie du geworden bist
seit wir dich werden
lassen
du blühst ins Weite und
Tiefe
ißt eigne Frucht
und lächelst uns ins Herz
für Zubrot des Vertrauens

NACHDENKEN EINER MUTTER

M eere wünscht unsere Sehnsucht auszuschöpfen
U hren anzuhalten und Zeiten zu überfliegen
T ief in uns Frauen wohnt das Geheimnis, sucht und
T reibt uns zum Geheimnis des Mannes
E ins werden zwei, aber der letzte Schleier
R eißt nicht entzwei

V erlangt ihn nicht
A lpha und Omega spricht dieselbe Stimme; ein neuer
T on klopft an – wie leise –
E mpfangt, ihr seid Einkehr und
R aum

M it allen Worten seit Anbeginn bleibst du
U nsagbar, Mutter, unzählbar mehr als tausendmal
T ausendmal gelebt in Zeiten und Völkern das
T ragen und Trösten, Leiden und Lachen und dabei der
E rfüllung eigenen Menschseins bedürftig und teilhaftig
R ufe ich dich in allen Müttern beim Namen

MÜTTER

Von einem Foto ablesbar – bewegungslos – hätte ihr Äußeres geradezu vollkommen dem Typus „alte Jungfer" entsprochen – damals – vor fast 40 Jahren. Ich weiß, daß heute diese lieblose Bestimmung weiblicher Menschen seltener laut wird.
In wörtlichem Sinn war Anna Brückenau eine alte Jungfer. Unverheiratet lebte sie, als ich sie kennenlernen durfte, mit zwei unverheirateten Geschwistern im elterlichen Haus, sie, 65jährig die Jüngste. Noch im Vorjahr hatten die beiden Schwestern und der Bruder gemeinsam ihren Textil-

laden betrieben, ein Geschäft in der dritten Generation mit zufriedener Stammkundschaft. Jetzt führte ein junges Pächterehepaar den Betrieb.
Fremd, unerfahren, allein, gelangte ich in die westfälische Kleinstadt, nachdem ich meine Habseligkeiten in einem Wehrmachtsrucksack unter Herzklopfen nachts über die Grenze in die britische Besatzungszone geschleppt hatte. Eine Bleibe, Arbeit und Unterkunft fanden sich; denn Dienstmädchen, zufrieden mit Essen, einem Dachzimmer, das zwei Hausgehilfinnen teilten, sowie einem symbolischen Lohn, hatten durchaus Chancen.
Chancen zu überleben. Chancen, eine amtliche Zuzugsgenehmigung zu erreichen ohne Anspruch auf eigenen Wohnraum. Arbeitsbeginn 6.00 Uhr, Feierabend ca. 20.30 Uhr, Mittagspause 30 Minuten, Freizeit jeden zweiten Sonntag von 14.00–21.00 Uhr. Selbstverständliche Zugabe war die Zeit für den Kirchgang – ich arbeitete für eine angesehene, ins katholische Gemeindeleben integrierte Familie der Oberschicht. Ebenso selbstverständlich, ja, durchaus den Wünschen der Hausfrau entsprechend, besuchte ich die Heimabende der Mädchengruppe im Bund der Deutschen Katholischen Jugend. (Guter Einfluß, religiöse Begleitung konnten treuer Pflichterfüllung nur dienlich sein.)
Dort begegnete ich Anna Brückenau. Wie bitte? Eine Fünfundsechzigjährige im BDKJ? Sie leitete keine Gruppe. Nur dieses: Ein Mensch, der immer dort war, wo er gebraucht wurde. Eine Frau, die Rat wußte, wenn wir Fragen hatten, die mit uns suchte und bei der wir zugleich ein tragendes Fundament spürten. Eine Frau, die Güte, Tatkraft und Fantasie ausstrahlte und verschenkte. Ihre lebendigen Augen in dem spitzen, mageren Gesicht. Wenig schütteres Haar, über einer vorgewölbten Stirn zurückgekämmt und im Nacken zu einem rührend kleinen Knoten geschlungen. Diese Lachfältchen um Augen und Mund, aber auch der ruhige Ernst in Annas Gesicht, den wir ernst nahmen und

begriffen. Sie lebte uns den Glauben so vor, daß wir ihn liebten. Freudiges Entdecken und Nachfolgen wurde uns zuteil.
Wir hätten es so nicht ausdrücken können. Aber heute weiß ich: Anna hat unser Suchen und Sehnen zur Mensch-Werdung – gerade in den entscheidenden Jahren – feinfühlig, geduldig und tatkräftig mit ausgetragen. Sie hat uns ein wichtiges Wegstück glaubend zur Welt gebracht. Und weil ihr Ansprüche, die leibliche Mütter nicht selten in schönster Selbstverständlichkeit den Töchtern zumuteten und zumuten, fremd waren, entfaltete sich unser Vertrauen ungestört. Vielleicht waren unsere Erwartungen Anna gegenüber manchmal rücksichtslos, obwohl wir sie liebten. Die mütterliche Freundin mit dem jugendlichen Herzen hat es uns nicht wissen lassen.
Mir öffnete Anna das Zuhause in der Fremde, das ich so entbehrt hatte. Wärme und Trost nahm ich von ihr mit in den schwierigen Alltag. Meine eigene verwitwete Mutter lebte mehr als 500 km entfernt, jenseits einer immer mächtiger werdenden mitteldeutschen Grenze. Ihre Briefe, diktiert von liebender Sorge und eigenen Überlebensnöten der Nachkriegszeit, konnten die mich betreffende abweisende Atmosphäre des großen Hauses, in dem ich diente, nur zeitweise mildern.

Zwei Frauen aus dieser Zeit stehen lebendig vor meinem inneren Auge: Der einen gehört das breitflächige Gesicht mit den grauen Augen, ein kühles Lächeln, ein Herrinnenlächeln für mich. Dunkles, kräftiges Haar, von wenigen grauen Fäden gedämpft, zu einer tadellosen Hochfrisur gekämmt. Selbstbewußt die Haltung der hochgewachsenen, vollschlanken Gestalt: Frau Helene, 45jährig, elegant oder betont hausmütterlich gekleidet, Mutter von sechs Töchtern und Söhnen im Alter von 22–9 Jahren, Vorsitzende des Frauen- und Müttervereins in der Pfarrgemeinde. Umsichtig und hingebungsvoll für die Familie sorgend und

gleichzeitig gefeit gegen das Heimweh einer Zwanzigjährigen, die für ihre Kinder die Schuhe und die Zimmer putzt.
Daneben: Fräulein Anna Brückenau, wunderlich wirkend, die Unverheiratete, die Kinderlose. Alles an dir scheint knochig, Anna, deine Gestalt im Hemdblusenkleid, deine Arme, Beine und Hände. Dein Kopf immer leicht vorgeneigt, zugewandt den Menschen. Deine verblühten Lippen, Anna, deine blaßblauen Augen im mageren Gesicht empfangen Schönheit aus deinem Herzen. Von dorther umspielt sie Sonne. Nichts an dir ist leer, ist hart. Wieviel Wärme in deiner Stimme, Nähe.
Wie viele Menschenkinder du angenommen hast? Ich weiß es nicht. Dein Herz war groß. Danke, daß ich darin wohnen durfte.

1986

AN DIE MUTTER

Noch immer such' ich zu verstehn,
was du mir, meine Mutter, bist
und wie mein In-das-Leben-Gehn
die Straße deines Liebens ist.

Ich weiß, in Stunden voller Qual
hat dich mein Anderssein versenkt
und bete, daß in größrer Zahl
mein Herz dir freudenvolle schenkt.

Das ist mir manches Mal geschehn:
Vor Freude, daß es dich hier gibt,
will mir das Herz fast stillestehn –
und heißt das nicht, du bist geliebt?

LIEBE SIGRID,

nächsten Sonntag ist Muttertag. Du weißt, mit welchen Gefühlen ich dieser geschäftsträchtigen Eintagshuldigung entgegenblicke, und wir beide haben ja nicht selten darüber gelästert, auch, daß sie unseren Müttern als Zeichen unserer Zuneigung wichtig war. Das hat wohl auch damit zu tun, daß ihnen gesellschaftliche Anerkennung weithin versagt geblieben ist.

Die Idee des Muttertages mag etwas Wesentliches gemeint und gewollt haben. Es hat ja so unzählige Frauen gegeben, und es gibt sie heute, vor allem, wenn wir in die riesigen Armenhäuser unserer Erde schauen, die eben für die Allgemeinheit als Personen nicht existieren, obwohl sie dieser Welt Leben überhaupt erst ermöglichen. Sie tun das Tag für Tag unter unwürdigsten Bedingungen. Woher sie die Kraft nehmen? Ich kann es nicht erklären.
Diese sprachlosen Frauen – sprachlos, weil sie nicht reden dürfen, weil sie nicht gehört werden wollen, weil sie es oft nicht gelernt haben, überhaupt eigene Bedürfnisse zu äußern, weil nicht von ihnen gesprochen wird – wenigstens an einem Tag im Jahr ins Bewußtsein der Menschen zu bringen, ist für alle not-wendig. Aber geschieht das, wenigstens in Ansätzen, am zweiten Sonntag im Mai? Geht es um die Würde der Frauen, um ihre Wertschätzung, unabhängig davon, ob sie Mütter sind, die geboren haben und Kinder großziehen, oder ob sie mit ihren Gaben und Kräften diese Erde mütterlich, also sorgend, behutsam, geduldig und kraftvoll gestalten wollen?
Das brauchen wir doch. Wir brauchen es not-wendig, die Not zu wenden. Sie ist ja überall zu sehen, zu spüren, wenn wir es wahr-haben wollen. Und wie oft werden Frauen auch bei uns in ihren Familien unterdrückt und ausgebeutet. Wie oft muß ihnen der eine, hochgejubelte Tag wie blanker Hohn vorkommen. Die kleinen Geschenke der

Kinder, mögen sie noch so unzulänglich sein, das liebevolle Gedenken des Mannes können beglücken, wo auch im Alltag das Miteinander und Füreinander geübt wird. Zu vergessen ist nicht, wie in unserem reichen Industrieland mit den alten Frauen umgegangen wird, die für die Familie gearbeitet haben, verwitwet sind und mit den 60% Witwenrente kaum den bescheidensten Lebensunterhalt bestreiten können. Ein lebenswerter Lebensabend wird ihnen durch schöne Floskeln oder Schnulzen wie „Ich habe Ehrfurcht vor schneeweißen Haaren" nicht geschenkt.
Wir können mit Fontane sagen: „Das ist ein weites Feld", und Dir brauche ich einen solchen Vortrag schon gar nicht zu halten. Wie oft haben wir über die Berufsausbildung für Frauen gesprochen, über die Möglichkeiten, Erwerbs- und Familienarbeit miteinander zu verbinden, über die eigene Altersversorgung.

Du lebst allein, liebe Sigrid, gerade deshalb schreibe ich Dir heute. Du hast mir so oft gutgetan. Ich durfte immer kommen – ob ich Freude mit Dir teilen wollte oder mich hundeelend fühlte – ein Anruf bei Dir – wenn Du nicht unaufschiebbare Verpflichtungen hattest, stand mir Deine Tür offen. Wie zu Hause durfte ich aus Deinem Küchenschrank Teetassen nehmen, Teewasser aufsetzen, das belebende Getränk aufbrühen, und dann saßen wir beieinander, sprachen, lachten, schwiegen – je nachdem. Deine Großzügigkeit hat mich oft beglückt, und Du hast mir auch harte Wahrheiten gesagt, die mich anfangs sogar verletzten, weil ich sie anders auffaßte, als Du sie mir nahebringen wolltest.
Ich bin Dir dankbar, Sigrid, daß unsere Freundschaft Jahrzehnte überdauert hat. Weder räumliche Entfernungen, noch ganz unterschiedliche Aufgaben des täglichen Lebens, die lange Zwischenzeiten mit sich brachten, in denen wir uns weder sahen noch schrieben, konnten ihr etwas anhaben.

Vielleicht lächelst Du ein wenig spöttisch, daß mich ausgerechnet dieser „Muttertag" zu einem Brief anspornt. Macht nichts, meine Liebe, Du verstehst mich schon.
Laß Dich dankbar umarmen, Freundin, ich wünsche Dir Segen und Freude

Deine Lisa

P.S. Willst Du mich nicht bald mal besuchen? Ich zeig' Dir auch, wo die Teetassen zu finden sind.

1992

EINER MUTTER

R andvolle Jahre und Tage
E rnstfall des Liebens
I mmer wieder ganz neu
N eigst du dich auch zu dir?
H orchst du nach deiner Sehnsucht und deinen Träumen
I n deiner Tiefe?
L ade dich ein zu Freiheit und Heil!
D u-Sagen blüht aus diesen Quellen

„Tennenblick"

MAIABEND

Über den Gärten schwebt der Duft
deiner blühenden Dolden;
weißer Flieder
blauer Flieder –
durstig koste ich ihn
wie jungen Wein

Seltsam schön zeichnen Bäume
in die verdämmernde Weite
Filigrane wachsenden Lebens

Die unter silbrigem Himmel wandern
flüstern zärtlich:
Immer

Andere spiegeln lärmend Fetzen des Einst
in gleißendem Licht über grauem Asphalt
oder schleudern sie stumm
unter sausende Räder

Wie viele
wandern einsam den Sternen zu
auf erträumten Wegen?

GABRIEL VON REGENSBURG

zu der Plastik im Dom

dein Freuen
jahrtausendjung
trieb Knospen in allen
Räumen und blühte
in Künstlerhänden auf
daß du uns anschauen
kannst
du lebst
in mich Frohe Botschaft
jahrtausendjung durchtanzt mich
der heilige Gruß

MADONNA VON REGENSBURG
zu der Plastik im Dom

des Engels Sonne
Gegrüßte
lächelst verhaltener du
zurück
in den Augen künftige Bilder
an der Brust birgst du
Sions ungestilltes Verlangen
im Wort
prophetische Jungfrau
so wirst du mir Schwester

deine freie Hand
das Haus, das Herz
hebst du
dem Heil entgegen

GEIST GOTTES

Geheimnisvollstes
Geheimnis!
Wurzelnd
Im Urgrund der Liebe

Strom
Das karge Land
Überflutend,
Daß es ergrünt
Und Brot für alle trägt:
Komm doch!

Regen
Die geborstenen Furchen
Der Bäche
Mit Leben füllend,
Daß die Wüste erblüht
Und bewohnbar wird:
Komm doch!

Feuer
Lösend die Erstarrung der Furcht,
Schmelzend das Eis der Einsamkeit,
Dunkle Schluchten des Leidens
Erleuchtend,
Gold der Liebe
Aus dem Gestein der Ichsucht
Befreiend:
Komm doch!

Uns ist,
Als hätten wir Menschen
Nie so wenig von dir gewußt
Wie heut,
Obwohl wir Grenze um Grenze
Überschritten haben.
Uns ist,
Als hätten wir Menschen
Nie so nach dir gerufen,
Obwohl unsre Zungen
Versiegelt sind.

Komm doch!

BRÜCKENBAU
für Tina

Träumte dich schon, mein Kind,
als das Ja deines Vaters
noch ein Schmetterling
heimatlos
einen Tag durchschweben wollte mit mir,
dann einen Sommer
und wärmebedürftig
den Winter dazu.

Träumte dich mit, mein Kind,
denn du lachtest schon
im Grund ihrer Augen,
spieltest in ihrem bewegten Haar,
schliefst gewiegt in Herzschlag und Schoß,
warst zugegen
im wachsenden Strom unsrer Zärtlichkeit.

Wie sich behutsam die Bögen
zur Mitte bewegten,
spannten über die Lust des Heute hinaus
und sich verflochten zu einem
unter dem Auge des Himmels.

Und dann riefen wir deinen Namen,
Kind,
baten um dich
und dein winziger Fuß trippelte
über Brücken, die wir nicht schauen,
auf unsern Steg

DEINE WEHEN, TRÖSTERIN

deine Wehen, Trösterin
gebären uns zum Werden
du läßt uns los
in weite Räume
Träume erblicken den Tag
den Alltag
Werden und Träume sind Leben

deine Wehen, Trösterin
begeistern uns zum Aufbruch
du mutest zu
die eignen Schritte
Mitte bewegt den Tag
den Alltag
Aufbruch und Mitte sind Leben

deine Wehen, Trösterin
entbinden uns zur Freiheit
du bäumst uns auf
zu kühnem Handeln
Handeln verändert den Tag
den Alltag
Freiheit und Handeln sind Leben

1990

GÄRTEN DER LEBENDEN UND DER TOTEN

Wie gewachsen umgab in meinem schlesischen Heimatdorf die Bruchsteinmauer den Kirchhof. Goldgrünes Moos nistete in den Ritzen und weitete sich zu samtenen Polstern aus. Efeu kletterte den Kronen von Mauer und dahinter aufstrebenden Bäumen entgegen. Und in den Nischen, von der Verwitterung geschaffen, zogen Rotschwänzchen ihre Jungen groß. Allerlei kleines Getier war dort zu Hause: Käfer und Ameisen und Schnecken. Aus dem grünen Gewucher zu Füßen der alten Mauer ringelte sich bei sonnigem Wetter auch eine Blindschleiche hervor. An einigen Stellen dufteten im Frühling die Veilchen.

Der so umhegte Garten der Toten war mir vertraut. Ich liebte ihn. Jeder Kirchgang schenkte eine unbefangene Begegnung. Durch eine schmale Pforte war auch der angrenzende Pfarrhof zu erreichen. Außerdem ruhte unser Großvater in der Nachbarschaft eines immergrünen Lebensbaumes unter einem Hügel, den der Efeu umsponnen hatte.

Ganz anders die hellgrün getünchte Friedhofsmauer in dem mitteldeutschen Industrieort, wohin uns die Arbeitslosigkeit verschlug. Glattes Menschenwerk. Im Süden lief zweihundert Meter entfernt die Bahnlinie an dem Haupttor vorbei, hinaus in die Weite, vermeintlich. Östlich führte eine Straße zu den aufgelockerten Wohngebieten der Randzone. Einfamilienhäuser aus rotem Backstein lebten in nördlicher Nachbarschaft, und nach Westen breiteten sich Ödflächen, die in Fabrikgelände übergingen. Auf diesem Friedhof kannte ich kein Grab, als ich ihn – zehn- und elfjährig – regelmäßig besuchte. Die Liebe zum Garten der Toten, der gleichzeitig Garten der Lebenden ist, war und ist mir geblieben.

Damals schickte mich vielleicht der graugepflasterte Hinterhof aus zu den Bäumen und Beeten, die allen gehören; denn der Garten des Hauswirts erwies sich als streng ver-

schlossenes Paradies. Anstelle des Cherubs bewachten zwei große Hunde das Tor.
Ich fand weiche Sandwege, Kastanienbäume, Birken und Robinien und die vielen Reihen blumengeschmückter Hügel. Stille Heiterkeit umfing mich, Buchfinken und Meisen turnten in den Baumkronen, Amseln suchten Futter am Boden, Bienen summten vorbei, und die wilden Kaninchen trauten sich zu stillen Zeiten an die vielfältigen Delikatessen heran, die ein solcher Garten unwissend anzubieten hat.
Die Friedhofsgärtner waren damals noch Teilnehmer natürlicher Geräusche. Kein Motorenlärm zerriß die lebendige Stille. Die Männer pflanzten und jäteten und schoben ihre Karren mit Abfällen zu den Behältern.
Mich begleitete bald meine Freundin Erika auf den Friedhof. Am liebsten besuchten wir nach Schulschluß oder am zeitigen Nachmittag den großen Garten, weil er uns um diese Zeit fast allein gehörte. Wir lasen Grabinschriften, sonnten uns auf einer Bank, beobachteten Vögel, suchten die am schönsten bepflanzten Hügel und beteten hier und dort.
Dem Feld mit den Kindergräbern im nordwestlichen Bezirk des Friedhofs schenkten wir bald unsere ganze Liebe. Und dort rührten vor allem die verlassenen, von Gras und wilden Pflanzen überwucherten kleinen Beete unsere Herzen. Die Inschriften auf den Steinen ließen sich oft schwer entziffern. Hier begleitete eine steinerne Rosenknospe den einjährigen Liebling Gerda, dort weinte ein weißer Engel, auf den Gedenkstein gestützt, um den siebenjährigen Hans. Und wie bedürftig empfanden wir die namenlosen, vergessenen Ruheorte der Kinder.
Ich mußte einfach einige dieser Gräber pflegen. Gärtnerin wollte ich sowieso werden. Eine kleine Hacke, Schaufel und Gießkanne besaß ich. Erika folgte meinem Beispiel. Wir jäteten also das Unkraut, lockerten den Boden auf „unseren" Kindergräbern. Aus den Abfallbehältern suchten wir die besten noch blühenden Pflanzen heraus. Mir hatte

schon lange leid getan, daß die Gärtner so gefühllos, wie ich meinte, wegwarfen. Es wäre uns nicht möglich gewesen, Pflanzen zu kaufen. Taschengeld kannten wir nicht. Unsere Eltern hatten Mühe genug, den Lebensunterhalt zu verdienen.
Etwas Angst begleitete schon unsere Blumenbeschaffung. Wir paßten günstige Zeitpunkte ab. Als wir doch erwischt wurden und dem Friedhofsgärtner unsere Nöte erklärten, guckte er ungläubig und erstaunt, überzeugte sich dann persönlich von unserer Wahrheitsliebe und erlaubte die Selbstbedienung. Allerdings knüpfte er daran die Bedingungen, nur Gräber zu pflegen, um die sich wirklich niemand kümmerte, bei den Abfallbehältern Ordnung zu halten und keinen Unfug zu treiben. Erleichtert widmeten wir uns dem selbstgewählten Liebesdienst.
Erika verlor nach einigen Betreuungswochen die Lust. Ich hielt den Sommer über durch. Fast täglich goß ich „meine" Kindergräber, schmückte sie mit Feld- und Wiesenblumensträußen, harkte die schmalen Zwischenräume. Und bevor ich nach Hause ging, betete ich für die unbekannten kindlichen Freunde und Freundinnen.
Eines der Grabmale gab, nachdem ich es mit Bürste und Wasser von Algen, Moos und Verkrustungen gereinigt hatte, die Verheißung frei: „Geliebt und unvergessen."

1984

AM OFFENEN GRAB

Für Lorenz und Hanna Heiny

Als du der Erde
ganz nahe kamst,
nahe,
wie nur der Tod
dem Urstoff
aus Gottes Hand
uns vermählt

trug,
noch umweht
vom Schleier der Tränen,
das Leuchten der Sonne –
trugen
die Blütentrauben
des Goldregenbaums
und die schimmernden
Sträuße der Rhododendren –
trugen
die heiteren Lieder
der Vögel –
schwebend
über dir und uns
die Verheißung:

Tod
heißt auch
Auferstehn!

MITTAG

Draußen
sind Menschen und Tiere verstummt.
Nur die flimmernde Hitze summt
über dem reifenden Feld,
als sollte zu dieser Stunde die Welt
im Feuerofen schmelzen

In
die sonnendurchglühte Luft
atmet die Wiese würzigen Duft,
berauschte Falter ermatten;
taumelnd nach dem verlorenen Schatten
stürzen zitternde Flügel
ins Nichts

Brennendes Schwert
des Mittags vergleißt.
Da
ganz unerwartet zerreißt
ein Laut die gewaltsame Stille!
Schrill spielt eine einzige Grille
ihr Lied
für den Hirtengott

GROSSE GLOCKENBLUME

in deine blaue Stille
fallend
rührt mich Heiterkeit an
vom verschwiegenen Grunde
blühst du herauf
Tiefe
in deinen Kelchen bewahrend
läutet Vineta
mir Willkomm?

SOMMERBOOT

auf Gräserwellen schwimmt der Mohn
ich fühl mich segelleicht und ankerschwer
ist es schon hundert Jahre her
seit unsre grüne Hülle sprang?
der Winter dauerte zu lang
nun tauchen wir ins rote Meer

WALDSEE

Lächelt der junge Tag dem Himmel entgegen,
rufst du mich leise.
Noch baden Gräser und Blumen im Tau;
nahe dem Weg, hebt im erwachenden Wald
lauschend ein Reh den Kopf.
Seine Augen berühren mein Herz.

Sind meine Füße Flügel geworden?
Löst sich die Schwere
zum Schweben im Licht?

Sieh, schon bin ich bei dir!
Immer erreicht mich deine zärtliche Stimme,
auch, wenn ich weit entfernt
von dir träume

Mit den Baumfreunden deiner Ufer
schau ich dich an – lange –
von deiner Anmut bewegt,
eingetaucht in die atmende Stille,
all dem großen und kleinen Leben geeint:
Schwirrend mit den Pfeilen
glaszart geflügelter Libellen;
mit den blitzendgeschuppten Leibern
der Fische
aus deiner grünen Tiefe schnellend;
schwingend im Flöten verborgener Vögel,
die deine Nähe für ihre Nester suchen.
So vielem Leben bist du bergend geöffnet

Lockend leitet vom Uferdickicht
die Bleßhuhnmutter flaumfederjunge Kinder
in dein sonnengetupftes Wellenspiel.
Du trägst sie alle

Dankbar schöpfe ich das Gold dieser Stunde
Heimwärts will ich es tragen
für das geliebte Herz

SONNJA UND SIEGER

Ein junger Kaufmann wanderte nach einem gehetzten Junitag aus der hitzegeschwängerten Luft seines Büros in den Wald. Der federnde Waldboden hieß seine ermüdeten Füße willkommen. Die kühle Luft streichelte seine Stirn und erfrischte seinen Atem. Ihm war, als begänne er neu zu leben. Abendröte rieselte von den hohen Blattdächern herab und ein Duft, der ihn so bezauberte, wie nichts zuvor in seinem Leben, führte ihn auf immer schmaler werdenden Pfaden ins Herz des Waldes.
An einer winzigen Lichtung legte sich der Duft wie ein Kranz von Zärtlichkeit um seine Stirn. Er schloß die Augen. „Warum schaust du mich nicht an?" Ganz nahe schwebte die wohlklingende Stimme. Galt sie ihm? Nur nicht erwachen aus diesem Traum der Träume. Langsam hob er die Lider und geriet in die zierliche Blütensonne einer wilden Rose. Ein unbeschreiblich sanftes und kraftvolles Leuchten lebte in ihren zartgelben Kronblättern. Ergriffen von Liebe und Sehnsucht fragte er: „Wer bist du?" – „Die Waldrose Sonnja." Sie blühte an einem kräftigen Busch, von zahllosen tiefgrünen Blättern umgeben. Jedes einzelne schien sie zu loben und zu lieben. Und jeder einzelne der spitzen Dornen, die scharfe Blicke zwischen den Blättern hervorschickten, schien sie zu beschützen.

„Woher nimmst du den Paradiesduft?“ flüsterte er. „Aus meinem Herzen, Sieger.“ – „Du bist das Schönste, was ich bis heute gesehen habe, Sonnja, und das Geheimnisvollste. Du kennst meinen Namen.“ Wieder empfing Sieger einen Duftkranz. „Ohne dich kann ich nicht mehr leben“, bekannte er. „Besuche mich, so oft du willst.“ – „Komm mit, daß wir uns nie trennen müssen“, bat er. „Den Wunsch kann ich dir nicht erfüllen, Sieger, der Wald ist mein Lebensgrund. Aber ich bin dir immer nahe“, tröstete Sonnja und wünschte ihm: „Träume gut.“

Am Waldrand fand sich der junge Kaufmann wieder, eilte nach Hause und sehnte den Abend herbei. Als er einschlief, umarmte ihn Sonnjas Duft.

Beim Erwachen stand Siegers Entschluß fest, die Waldrose Sonnja in seinen Garten zu holen. Er verabredete sich mit dem besten Gärtner der Stadt. Zur gleichen Stunde wie am Vorabend betraten sie den Wald. Siegers Furcht, den Weg zu der geliebten Rose nicht wiederzufinden, verflog nach wenigen Minuten. Ihr Duft grüßte ihn und brachte die beiden Männer zur Lichtung. Dort schenkte Sonnja dem jungen Mann ihren Duftkranz. „Heute führe ich dich heim, Sonnja, ich liebe dich wie mein Leben.“ – „Tu es nicht, Sieger! Wenn du mich liebst, tu es nicht. Es wird dich nicht glücklich machen“, bat und warnte die gelbe Rose.

„Grabe sie behutsam aus“, befahl Sieger dem Gärtner. „Ich rate Ihnen ab, die wilde Rose zu verpflanzen“, entgegnete dieser. „Mir ist wohl der falsche Fachmann empfohlen worden“, erwiderte zornig der Kaufmann, „ich muß die Rose haben.“ – „Wenn es so ist“, murmelte der Gärtner, „aber vergessen Sie meine Worte nicht.“ Geschickt und vorsichtig begann er mit der Arbeit und hob schließlich den Rosenbusch mit einem großen Wurzelballen unverletzt aus seiner Waldheimaterde. Erschrocken flüsterten die Blätter, zornig und machtlos zugleich knarrten die Dornen.

In einem luftigen Korb trugen die Männer die kostbare wilde Rose Sonnja in Siegers Garten. An der Hauswand zwischen Wohn- und Schlafzimmerfenster pflanzte der Gärtner den Rosenstock in gute Erde, goß vorsichtig an und ging seltsam traurig nach Hause.
„Wie gut, daß du jetzt bei mir bist, Sonnja", sagte Sieger, „du wirst dich bestimmt wohlfühlen und glücklich sein. Ich liebe dich." – „Lebe wohl, Sieger." Sonnjas Stimme klang hauchzart. Beim Einschlafen empfand Sieger den Rosenduft auf seiner Stirn wie ein Spinngewebe. Traurig erwachte er morgens und lief zum Rosenbusch. Die schöne wilde Rose tropfte ihre gelben Flügel ins Gras. „Nächstes Jahr blüht sie wieder", dachte Sieger.

Sorgsam wurde der Rosenstrauch gepflegt. Einige Zweige gilbten und verdorrten. Der Gärtner zuckte mit den Schultern. „Er hat Heimweh nach dem Wald." Sieger lachte zornig. Im Frühling trieb der Hauptzweig Blätter, viele tiefgrüne. Jeden Tag im Mai und Juni suchte Sieger nach einer Rosenknospe. „Sonnja", rief er traurig, „wo bist du? Weshalb blühst du nicht?" Es blieb stumm im Rosenbusch.
Endlich, im dritten Jahr, erfüllte sich Siegers Hoffnung. Wie sehnte er sich nach der zierlichen Sonne, nach dem Duft aus ihrem Herzen. Er lockte sie täglich mit lieben Worten. Auf sein Geheiß hin hatte der Gärtner doppelt düngen, die Erde oft lockern und reichlich gießen müssen. Die Rosenknospe wuchs und wuchs. Am gleichen Juniabend, wie drei Jahre zuvor, sprang sie auf: eine breite behäbige Blüte mit knallgelben Kronblättern entfaltete sich. „Du bist nicht Sonnja", stieß Sieger hervor. „Ich bin die Sonnja, die du geschaffen hast, Sieger", antwortete die Rose. „Vielleicht gewöhne ich mich an deine Figur", sagte er, „obwohl ich dich so nicht wollte. Wenn du auch nicht mehr schön aussiehst, dein Duft wird mich ebenso verzaubern wie damals." Die Rose schwieg. Sieger schloß die Augen. Eine kaum wahrnehmbare Süße streifte seine Stirn.

„Weshalb duftest du nicht, Sonnja? Ist das dein Dank?" Seine Stimme klang hart und gereizt. „Besinne dich, Sieger", flüsterten die Blätter. „Wir hätten Sonnja so gern beschützt", schnarrten die Dornen so sanft es ihnen möglich war. „Nun?" forderte Sieger.
„Weil mein Herz Atemnot leidet. Du hast ihm die kühle, duftende Waldluft genommen. Du hast ohne Not meine Wurzeln gelöst aus dem Heimatboden. Du hast mich von meinen Freunden und Nachbarn getrennt. Du hast mich gemästet. Das Wichtigste hast du mir verweigert: Ich durfte mir selbst nicht treu bleiben."
Sonnjas traurige Stimme berührte Siegers Herz. „Verzeih mir", bat er, „ich bringe dich wieder nach Hause." – „Träume gut, Sieger", wünschte Sonnja.
Morgens, beim Erwachen, umarmte ihn der so lange entbehrte Duft der wilden Rose. Um ihr zu danken, lief er hinaus. Den Rosenbusch fand er im Garten nicht mehr.

1985

JULINACHT

Die Nacht hat mich gerufen
Sie ist so jung und schön
Und ihre Lippen duften
Nach Geißblatt und Jasmin
Im Sternenkleide tanzt sie
Vor mir her
Und läßt im dunklen Haar
Die wilden Rosen ranken

Das Mondhaus wartet
Weit geöffnet
Holunderbrote duften
Sehnsucht in mein Herz
Ich lehne mich
An eine grüne Säule
Und pflücke
Aus dem Haar der Schönen
Die erste wilde Rose

FERIEN

Weiße Küsten schimmern
in unserer Sehnsucht
umarmt von Sonne und Meer:

Wo die Freiheit lebt
auf uns wartend
Wo die Zeit
unsre Freundin ist
Wo die Schönheit
unverletzt blüht
Wo Freude
die Tage durchströmt
Wo Liebe
neue Knospen treibt

Alles
kann neu beginnen
wenn unser Boot
nach gehetzter Fahrt
und wechselndem Kurs
nach Stürmen und
verfinstertem Himmel
in stiller Bucht
seinen Anker senkt

BEKLAGE NIE DEN SOMMER!

Freuen Sie sich auch regelmäßig, wenn Ihnen beim Aufschlagen der Tageszeitung in vier- oder fünffacher Ausfertigung die geliebte Werbung, vollfrischer Vierfarbendruck, teils hochglanzgetrimmt, entgegenlacht? Ganz und gar nicht? Im Ernst? Ab und zu sollten Sie diesen ausgesuchten Bild- und Wortschöpfungen ungeteilte Aufmerksamkeit schenken. Wie könnten Sie sonst als umweltbewußte Menschen verantworten, derart geballte geistige und materielle Energie ungenutzt ins Recycling zu geben?
Hinzu kommt, daß Sie von vornherein auf atemberaubende Karrieren verzichten würden, etwa als Schlankschlemmerin, Modeprinz, Saubermann oder Starfotografin. Und – Sie begäben sich ahnungslos markanter und zugleich traumhafter Bekanntschaften mit dem Autofrühling, dem Küchenparadies, der Wohnidee, um nur der guten Dinge drei zu nennen.
Mir teilen, gelegentlich der soeben begründeten Werbepflichtlektüre, da sich die Zeit der süßen, prallroten Beeren naht, zwei Modejournalhausfrauen strahlend lächelnd auf DIN-A3-Format mit: „Ich koche meine Marmelade selbst. Für meine Familie ist mir nur das Beste gut genug." Anscheinend freundschaftlich fügen sie als Frage getarnt die Aufforderung hinzu: „Sie doch auch?!"
In sommerliches Leuchten getaucht halten sie möglichen Idealfamilienfrauen lockend rubinrot gefüllte Marmeladengläser entgegen, die sich eines neckisch gekräuselten, glasklaren Häubchens erfreuen dürfen. Werbetexter liefern seitlich der sanftgerundeten Frauenhüften einschlägige Rezepte.
Selbstverständlich erfahre ich, wie zeitsparend besorgt sich verschiedene Markenartikel meiner häuslichen Freizeitbeschäftigung annehmen möchten: Gelierzucker, Einmachhaut, Gläser, et cetera, et cetera – von der richtigen Sorte hängt einfach alles ab.

Tut mir leid, ihr Werbefrauen, Marmeladeköchin werde ich nicht. Ich will bereits das Gute für meine Familie, auch für mich, bei so simplen Tätigkeiten wie dem Wäschewaschen, den täglichen Mahlzeiten und der allgemeinen Sauberkeit. Sollte ich Haushaltspflege und Hygiene sagen? Wenn es mir Spaß machte, das Fruchtmus zu kochen, täte ich es ohnehin.
Wie wäre es, wenn ihr euch endlich um Kollegen bemühen würdet? Die meisten Vertreter des männlichen Geschlechts schwärmen geradezu vom Einsatz für ihre Familien, wobei ihnen die erprobte Arbeitsteilung: Mann = Erwerbsarbeit + gelegentlicher Nebenleistungen, Frau = Haushalt + Kinderbetreuung + eventueller Erwerbsarbeit, lieb und teuer ist.
Wie bereichernd müßte es für Haushaltslobredner sein, zu Marmeladeköchen aufzusteigen! Weshalb sollte sie nicht eine ganz andere Art des Schaffens, als es das zermürbende Erwerbsleben mit sich bringt, erfreuen und beflügeln? Wir dürfen, strahlende Werbefrauen, den Männern als Ernährer der Familien die praktischen innerhäuslichen Erfahrungen wirklich nicht länger vorenthalten.
Marmeladekochen könnte viele von ihnen überfordern? Ich glaube, ihr täuscht euch. Einkaufen und lesen können sie, ebenso die Symbole am Herd fehlerfrei deuten, die Schalter bedienen. Auch die körperlichen Kräfte dürften ausreichen. Ich schenke meinem künftigen Konfitürekoch eine attraktive Schürze, vielleicht bekomme ich eine mit künstlerisch gestalteten Johannis- und Stachelbeeren und erkläre ihm, wie Töpfe, Kochlöffel, Quirl, Schneebesen und Sieb am produktivsten zu handhaben sind.
Immer noch Bedenken? Ich bitte euch! Alle Köchinnen haben einmal angefangen. Erinnert euch des Sprichwortes, das allein den Adamssöhnen gewidmet sein muß: Übung macht den Meister!
Zur Ermutigung für alle Anfänger würde ich meinen Mann bei den fruchtigen Aktivitäten filmen, in Großaufnahme

mit den Ergebnissen dieses wahrhaft familienfreundlichen Tuns. Ich bin davon überzeugt, daß Werbeagenturen sich für die nächstjährige Marmeladekampagne die Nutzungsrechte an derartigen Videos sichern würden. Kein simpler Gag, o nein, ein Beitrag zur längst fälligen Gleichberechtigung des starken Geschlechts im Haushalt.
Einen werbewirksamen Text für männliche Küchenkreativität verrate ich euch Werbefrauen schon jetzt:

beklage nie den Sommer
der reife Beeren gibt
es ist so schön zu kochen
in Marmeladewochen
mit noch so müden Knochen
für Münder, die Mann liebt

1991

URMUTTER MEER
URVATER BERG

Urmutter Meer,
Urvater Berg,
beiden muß ich gehören:
Von der Welle treibts mich zum Fels,
vom beherrschenden, duldenden Stein
zurück ins tiefe Gebären

I. endlos mahlst du, Mutter,
dein Erdkorn,
Salz im Munde und Lied,
endlos wiegst du
deine unzähligen Kinder,
lebende, tote –
manche setzt dein Herzschlag,
gebunden ins Joch der Gezeiten,
aus,
und wir, fremde Geschwister,
wenden uns ab oder spielen
mit den verlassenen Schalen

weintest du, Mutter,
wir wüßten es nicht,
deine salzige Frische
küßt unsre Füße
und zum letzten Mal kleine Häuser,
die bewohnt waren
bis in die engste Windung,
von den Geladenen noch zu entziffern

II. barfüßig, wie die Mutter,
nimmst du mich nicht auf,
Vater Berg,
netzt nicht mit kühlen Lippen,
überwölbst gewaltig und stumm,
spitzt verschlossen dich zu
in die Himmelsgeduld.
Ihr gehorchend,
dein Wesen ertastend,
bleibe ich heil mit jeglichem Atem

im Hinauf schreibt dein Wald mir
Freundschaft in Schattensilben,
hebt mich im Duft, solang du's erlaubst.
Regenbogenerfüllt
mischt sich dem Abschied
Wiesenliebe,
strömt sich aus,
klettert umarmend ins Bodenlose –
blüht sie sich, einzeln geworden,
zur Hörweite deines Herzens?

freigegeben den Bränden,
steilender Strenge verhaftet,
bin ich mir längst zu schwer.
Willst du weiter Netze von Strömen
erpressen?
Augen und Atem gesteinigt
hältst du mich an,
blauwinzig lächelnd und sagst:
Mein Kind,
komm und sieh!

Urvater Berg,
Urmutter Meer,
beiden will ich gehören.

ABEND IM BERGDORF

Unter dem Balkenvorsprung des gastlichen Hauses
nistet Frieden und holt uns heim.
Dunkler Wald, steigend am Hang,
wächst mit dem zärtlichen Himmel
bis in den hölzernen Schutz.
Stille und Weite durchströmen das Herz

Abend für Abend füllt sich
die Sichel des Anfangs am Giebelufer
reicher mit Gold,
gleitet in die Unendlichkeit über dem Tal

Am Horizont verharren in steinerner Kraft
die Berge,
als hieße sie Gott
auf stolzen, geschrundeten Rücken
das hohe Gewölbe zu tragen

Aber im rosenverglimmenden Tag
löst sich die kahle Gewalt
der Schroffen und Spitzen
zu sanfterer Größe und Schönheit

IMMER SIND WIR JA WANDERNDE

11. August

Eben bin ich mit Matthias noch zum Rubbenbruchsee gefahren, unsere geliebte Route mit dem Rad. Ja, dieser Sommer ist „groß", wie ich heute in einem Brief von Ruth las, zitiert wohl nach Rilke.

Wenn tagsüber die Hitze beinahe unerträglich scheint – vor Jahren nur eine ferne Erinnerung oder ein kurzes Intermezzo – entfalten sich die Abende umso beglückender. Ich denke dann: So lange wie möglich sehen den Himmel; die Bäume im Abendhimmel; heute die schmale Mondsichel – so geschieht es nie wieder – so nicht – und nicht noch einmal zu dieser Stunde. Immer sind wir ja Wandernde.

Heute abend: die Sonne ein atemberaubender großer Ball aus Feuer, der in die Arme des Waldes sinkt. Aber sie läßt den Himmel noch nicht allein. Was nimmt sie eigentlich mit in ihr Waldbett? Löst sich die runde Gestalt auf, um die Weite vor uns, über uns mit einem Rosenlicht zu beschenken, das alles verwandelt? Um uns und in uns?

Der Himmel muß dieses Licht erwartet haben, voller Sehnsucht, transparent. So läßt er es, durchsichtig geworden, einströmen in sein geheimnisvolles Wesen, saugt es aber nicht auf, sondern leuchtet es zurück in ergreifender Hingabe und Kraft. Die Sprache – besser meine Sprache – ist zu arm dafür.

Wir fahren an einem Weizenfeld vorüber. Der Mähdrescher hat die erste Runde geerntet. Köstlich der Geruch von Körnern und Stroh. Mütterlich und herrlich in einem die rotgoldene Abschiedszärtlichkeit der Sonne auf der großen reifen Ährenlandschaft. Zur anderen Seite des Weges, die etwas tiefer gelegene Ackerbreite, ruht außerhalb der Lichtgrenze wie gestorben.

Alle hätte ich herauslocken wollen aus ihren Gehäusen,

„In den Alpen"

weg von den Zweitaugen der Fernseher, in dieses Sommerabendwunder, in diesen Schöpfungshymnus. Noch gibt es ihn.

26. August

Diesen Abend wandere ich mit den Augen vom Balkon aus. Matthias hat sich nach einem anstrengenden Tag schon zurückgezogen in Gesellschaft eines Buches. Ich erwarte wieder das geheimnisvolle Abendlicht dieses Sommers. Es muß mit der sonnengetränkten Luft zusammenhängen. Als sei sie eine Tänzerin, selig im Schwingen des Leuchtens, der nichts Irdisches anhaftet. Welch ein Geschenk! In unserer Gegend leiden wir oft unter regenschwerer Luft, einem niedrigen Himmel lastender Wolken. Jetzt verwandelt sich der Horizont wieder in ein Farbenlied, in eine phosphorisierende und gleichzeitig friedliche Schönheit. Unwirklich. Schmerzhaft schön. Auf Postkarten festgehalten würden wir vielleicht sagen: Kitsch.

Jedes Atom der Luft ist vollgesogen vom Abendrot, das zum Himmelsgewölbe hin leiser und leiser in ein Blaßblau verschwebt.

Schwarz heben sich die Hausgiebel der Nachbarn ab – zwei sind es – und die verschiedenartigen Baumkronen. Am meisten mein Herz bewegend: die Birke. In den zwölf Sommern, die wir hier wohnen, habe ich oft Zwiesprache mit ihr gehalten. Sie, die empfindsam den leisesten Abendwind empfängt, liebe ich besonders. Voriges Jahr trauerte ich um „meine" Birke. Sie schien zu sterben. Zwei große Äste trugen nur noch verrostete Blätter. Ein wenig hat sie sich in diesem Jahr erholt. Der Frühling gab ihr Verlorenes zurück. Auferstehung? Ich hoffe, daß ihre Lebenskraft weiter wächst. Es sterben ja so viele Bäume und so viele Menschen.

Auf dem Balkon ist es fast dunkel geworden. Nur das Papier leuchtet noch zum Schreiben. Gedanken wandern. Finger wandern.

Und in den Nächten durchmessen unsere Herzen Welten, deren Ahnung morgens manchmal wie Schatten von uns abfällt oder wie Duft auf unseren Lidern ruht.

1985

STRASSENCAFÉ

lockende Inseln
unter leuchtenden Sonnensegeln
vom Menschenstrom
umspült
lustvoll
neugierig
müde
angesteuert
Blicke fliegen
und ruhen sich aus
im Wellenspiel der Stimmen
an einem halbgeleerten
Glas
warten
rote Lippen

STRASSENLIEBE

Die Häuser haben eigene Gesichter
mit Walmdach, Erkerfenstern und
geschnitzten Türen,
mit Treppen,
die in tiefe Gärten führen,

und abends grüßen warme Lichter
aus schönbeschirmten Lampen
durch die Scheiben
und laden dich mit goldnem Glanz
zum Bleiben.

Und Birken wachsen hinter kleinen Toren,
wie frei und stolz sie sich zum Himmel
strecken,
Blattschleier schwingen über Rosenhecken,
die an der Hauswand blühen,

unverloren
kann Spiel und Kinderlachen sich entfalten,
springt über Zäune, Mauern
und die Alten
sehn lächelnd zu.

GLEICHNIS

grün springt der Halm
hinauf ins Licht
blüht ohne Last
biegsamer Gast
beim Tanz im Wind

reif trägt der Halm
gefüllte Kammern
selbst sich zu schwer
begehrt nichts mehr
gebeugt zum Brot

BROT

Brot
runder Laib aus frühen Tagen,
braunumkrustet, weiß bemehlt,
das die Mutter kraftvoll und bedächtig schnitt

Brot
mehr, als Stillung für den Magen,
korngeboren, duftbeseelt,
und die Kinderaugen ahnten mit,

daß ein Segen in ihm wohne
und ein Sehnen,
allen Zeiten, allen Orten zugesprochen

Brot
im Dankgebet der Erntekrone
festlich zum Altar getragen
Brot
den Kindern aus der Hand geschlagen
Brot
gesegnet und gebrochen

GIB UNS DAS BROT, DAS WIR BRAUCHEN

Das Brot zu brechen, das Brot zu schneiden, um es auszuteilen, damit alle um den Tisch Versammelten satt werden, welchem Menschen auf der weiten Erde und seit langen Zeiten wäre dieses Tun fremd? Fremdgeworden ist in unserer sogenannten Wohlstandsgesellschaft vielen das Bewußtsein, daß Brot Leben bedeutet und deshalb unsere Ehrfurcht verdient.

Wenn wir „Brot" sagen, meinen wir zuerst den aus Mehl und Salz mit Sauerteig oder Hefe gebackenen Laib oder die Schnitte, die uns heute in verwirrend vielen Variationen angeboten werden; denn wir sind wählerisch geworden. Und dieses Brot spielt in unserem Leben nicht mehr die Rolle wie in früheren Zeiten oder gegenwärtig in den meisten Gebieten der Erde. Das vielfältige Warenangebot aus fast allen Kontinenten und Ländern, die raffinierten Werbemethoden, die uns auffordern, Schlemmer zu werden, um angeblich auf der Stufenleiter des Ansehens höher zu kommen, um angeblich glücklich zu werden, erschweren unsere Liebe zum einfachen Brot. Wenn wir aber eine Zeit lang zum Frühstück und zum Abendessen statt Brot Kuchen oder Menüs vorgesetzt bekämen, würden wir sehr bald spüren, daß wir ohne Brot nicht leben können.

Alexander Solschenizyn läßt uns in seinen literarischen Werken erschütternd erleben, wie Menschen auf eine vorher ungeahnte Weise mit dem Brot umzugehen lernen. Iwan Denissowitsch ist einer von ihnen. „Als er sich zurücklehnte, spannten sich Wattejacke und Weste, und auf der linken Seite, nahe dem Herzen, spürte er den Druck von etwas Hartem. Es war eine Kante von dem Stück Brot, das er in der inneren Brusttasche aufbewahrte, seine halbe Frühstücksration, die er sich zum Mittagessen mitgenommen hatte. Er nahm immer ein Stück zur Arbeit mit und rührte es bis Mittag nicht an. Die andere Hälfte aß er sonst

immer zum Frühstück, heute hatte er noch kein Brot gegessen. Schuchow merkte, daß er gar nichts gespart hatte: Es verlangte ihn so heftig danach, das Brot jetzt im Warmen zu essen. Bis zum Mittag waren es noch fünf lange Stunden. Der ziehende Schmerz war jetzt vom Rücken in die Beine gewandert, sie waren ganz schlapp. Ach, wenn er doch am Ofen sitzen könnte! Schuchow legte die Fausthandschuhe auf die Knie, knöpfte sich die Jacke auf, band den vereisten Gesichtsschutz vom Hals los, knickte den Lappen ein paarmal zusammen und steckte ihn in die Tasche. Dann zog er das eingewickelte Brot aus der Brusttasche, und während er den weißen Lappen darunterhielt, damit kein Krümelchen verlorengehe, biß er winzige Stücke ab und zerkaute sie langsam. Das Brot hatte er unter zwei Kleidungsstücken getragen, es mit seinem Körper gewärmt – deshalb war es kein bißchen gefroren ...
*Im Lager hatte Schuchow gelernt, daß es nicht auf die Mengen ankam. Die Gedanken müssen ganz beim Essen sein – wenn er jetzt die winzigen Stücke abbeißt, sie mit der Zunge zerdrückt, sie aussaugt – wie gut schmeckt das feuchte Schwarzbrot dann. Das Schuchow nun schon acht Jahre ißt, ein neuntes noch? Macht nichts. Widert's ihn nicht an? Hoho!"**

Brot ist der Inbegriff all dessen, was wir Menschen zum Leben unbedingt nötig haben. Deshalb dürfen wir im Namen Jesu Gott auch bitten: Gib uns heute das Brot, das wir brauchen. Diese Bitte schließt das Wohl aller Menschen mit ein. Es geht nicht darum, als einzelner oder als Gruppe Überfluß zu erhalten. Diese Bitte meint, laß mich nur so viel nehmen, daß alle ihren Anteil erhalten. Diese Bitte zeigt unsere ausgestreckten Hände nach dem Brot der Liebe, dem Brot der Freiheit, dem Brot der Menschenwürde für jeden von uns. Diese Bitte spricht aus, daß trotz hoher Hektarerträge in der landwirtschaftlichen Produktion, trotz aller Erfolge in der Wirtschaft, trotz des techni-

schen Fortschritts Gott der Geber ist, und daß wir ihm zu danken haben.

In meiner Küche hängt in der Nähe des Tisches ein Holzbrettchen, 20 x 12 cm groß, etwa 1 cm dick, an der Wand. Bei näherem Hinsehen läßt sich ablesen, daß es schon lange in Gebrauch ist. Mein Vater, schon seit den vierziger Jahren tot, hat es noch in seiner kleinen Tischlerei in Schlesien gearbeitet, sicherlich mit mehreren anderen zusammen. Ich stelle mir vor, wie er die kleinen Brettel von dem großen Brett mit der Kreissäge abgeschnitten hat, die Holzstücke glatthobelte, sauber in jedes ein Loch hineinbohrte und die fertigen Brettel meiner Mutter gab.

Eins habe ich also geerbt, über alle Wirren der Nachkriegszeit in meine Küche nach Westfalen gerettet. Jedesmal, wenn ich Brot schneiden will, nehme ich es von der Wand. Zu den vielen Kerben im Holz fügen sich neue. So manches Mal denke ich dann an Vater und Mutter, die sich hart um unser tägliches Brot gemüht haben. Und mir fällt auch ein, wie meine Mutter mit uns drei Kindern in den Nachkriegssommern, als auf den Feldern das Korn wieder reifte, in jeder freien Stunde Ährenlesen ging. Tag und Nacht wurden vor der Ernte die Getreidefluren von den Bauern bewacht, damit sich nicht Hungernde unbeobachtet den Rucksack mit abgeschnittenen Ähren füllten.

Weite Wege nahmen wir mit leerem Magen, ausgerüstet mit Rucksäcken und Beuteln, in Kauf. An jedem Feld warteten die Leute schon, daß der Bauer und seine Helfer mit dem Nachrechen fertig würden, und dann stürzten wir uns wie die Heuschrecken auf den Acker und sammelten, so schnell wir konnten, die zwischen den Stoppeln liegengebliebenen Ähren auf. Oft war die Ausbeute gering. Weiter zogen wir, zum nächsten Feld.

Es gab auch Tage, an denen wir Glück hatten, so, wenn wir noch auf einen Acker trafen, wo gerade die Garben aufgeladen wurden. Dann konnte es geschehen, daß Bauer oder Bäuerin uns Gutes taten und uns schon aufs Feld rie-

fen, während sie noch mit dem Abfahren beschäftigt waren. Sie ließen die Nachreche für uns liegen, so wie wir aus biblischen Zeiten erfahren, als Boas die Moabiterin Rut auf seinem Gerstenfeld, reichlicher als üblich war, miternten ließ.
Wie froh nahmen wir dann den mühseligen Heimweg unter die Füße, prallgefüllte Rucksäcke auf schmerzenden Rücken, müde, hungrig und durstig zugleich. Wir trugen wirklich das Brot, das wir heute brauchten, nach Hause.
Daheim angelangt, schüttelten und rieben wir sogleich Körner aus den Ähren, klaubten die Spelzen heraus, und wer noch die meiste Kraft hatte, mahlte die nötige Menge Getreide in unserer alten Kaffeemühle zu Schrot. Unsere Mutter kochte eine dicke Suppe, und wir wurden satt.
In den nächsten Tagen wurde weiter „gedroschen" und auch ein Brot gebacken. Wir feierten ein kleines Fest, wenn das frische Brot angeschnitten wurde, jedes eine der duftenden groben Schnitten erhielt und aß. Köstlich schmeckte dieses selbstgeerntete Brot!
Es ist gut, sich zu erinnern.

Bevor ich ein neues Brot anschneide, ritze ich mit der Messerspitze drei Kreuze hinein und spreche dabei: „Im Namen des Vaters und des Sohnes und des Heiligen Geistes, Amen", Dank und Segen zugleich, so wie ich es bei meiner Mutter erlebt habe.
Vorige Woche kam meine 14jährige Tochter dazu, als ich ein neues Brot auf den Tisch legte. „Laß mich heute das Brot segnen, Mutti", sagte sie. Ich gab ihr das Messer, sie schnitt die drei Kreuze in die Kruste und sprach den Segen. Mich hat es glücklich gemacht.

1980

* Alexander Solschenizyn, aus: „Ein Tag im Leben des Iwan Denissowitsch", Deutscher Bücherbund, Stuttgart, 1970, Hermann Luchterhand Verlag GmbH, Neuwied-Berlin, S. 48/49.

ES WÄCHST VIEL KORN
Tischgebet

es wächst viel Korn
auf der Erde
daß es Brot für alle werde
wie du in Liebe gedacht
gib unserer Güte die Macht

Amen

ABENDSONNE IM SEPTEMBER

rund geschnitten
in die Schleierdunstschale
reicht sie sich unserem Aufblick

feurige Scheibe Brot
aus der Hand des wandernden Sommers
gleitend

FRAGE IM SPÄTSOMMER

schöne alte Eberesche
lockst nicht nur die Vögel an
als deine Frucht zu reifen begann
als deine Samen
noch nicht die satten
leuchtendroten Hüllen hatten
blickte der Himmel
durch dein Gefieder
auf ein geliebtes Gesicht
hernieder
und mein Herz
entdeckte ihn
wieder

schöner alter Eschenbaum
schenktest du mir
nur
einen Traum?

SEPTEMBERABEND

An diesem Abend bleibe nicht im Haus;
mit Sommeratem will er uns umwehn,
er heißt uns träumend Hand in Hand zu gehn
und schaut mit sanften Sternen nach uns aus

Sein warmes Dunkel, dämmerzart erhellt,
umfängt uns zärtlich auf den stillen Wegen,
führt einem tief Ersehnten uns entgegen
und irgendwann
fällt das Verheißene uns zu.
Wir sehn uns an
und wissen: Du

EINE SONNENBLUME

Gestern sah ich eine Sonnenblume. Sie stand wie eine verbannte Königin inmitten grüner Sträucher und hoher Bäume mit weitausladenden Kronen. Sie stand – so schien es mir – ebenso einsam dort, wie mir zumute war. Welcher Wind hatte wohl ihren Samen an diese Stelle geweht? Gewiß hatte sie sich ihren Platz nicht selbst gewählt, aber zur rechten Zeit in der ihr zugefallenen Erde Keime gebildet, Wurzeln in den Boden gesenkt, und sie war geduldig gewachsen bis jetzt. Auch in ihrer Einsamkeit strahlte sie etwas Erhabenes, Stolzes und Lachendes aus. Auf dem leicht geneigten Kopf trug sie die goldleuchtende Krone der Freude; sie war ja eine Sonnenblume.
Sie schenkte mir einen Strahl aus ihrem Kranz und senkte ihn in mein Herz. Ich fühlte plötzlich, wie die Schwere der Einsamkeit sich von mir löste, wie meine Seele frei wurde. Ich spürte, daß in meine Augen ein Leuchten kam und daß meine Schritte beschwingter wurden. Jeder Schritt trug mich ein Stück weiter in eine große Freude und Dankbarkeit hinein.
An vielen Menschen ging ich vorüber. Mir mußte wohl die Freude auf dem Gesicht geschrieben stehen, denn immer wieder streiften mich erstaunte Blicke. Als ich in eine stille Seitenstraße einbog, hörte ich meinen Namen rufen. Ich wandte mich um, und der Gefährte meiner Jungmädchentage stand vor mir. Er faßte meine Hände und sprach verwundert. „Wie strahlend du aussiehst, Käthe. Fast hätte ich dich nicht erkannt. Ich war schon weitergegangen."
Diese Begenung schenkte mir ein lange ersehntes Glück. Das vermochte eine einzige Sonnenblume.

1947

SPÄTLESE

Komm, laß uns jede Stunde teilen,
die im Maß unsres Lebens ruht;
denn die Sanduhren rinnen.
Auch, wenn die Herzen,
liebend geeint, glauben
die Zeit überwunden zu haben.

Schauten wir trauernd zurück,
um den versäumten Reichtum kreisend,
wären wir arme Verschwender.
Daß uns im Jetzt das Wunder erblüht,
ist's nicht genug?

OKTOBER

der Tag erwacht spät
und verharrt
unter fallendem Gold
in Träumen
wie mild noch die Luft
verglühende Rosen
umspielt
köstlich
steigt in mein Atmen
der herbe Ruch
nebelbetauten Abschieds

SPIELPLATZ IM HERBST

Der Sandkasten liegt verlassen
im Regen.
Eine kleine rote Kuchenform
träumt
im Sand halb versteckt
von Kinderspielen.
Auf der leeren Bank
klebt eine alte Zeitung.
Gelbe Lindenblätter
bedecken die Wege.

IM SPÄTHERBST

Es ist,
als fiele tiefe Müdigkeit
vom Himmel
auf die fast entblößten
Bäume –
und Schwermut rührt uns an,
Verlorensein.
Im Rot und Golde
letzter Blätter
löschen Träume
verklärter Schönheit
langsam aus und taumeln
ins dunkle Auge
andrer Zeit hinein.

In dichten Schleiern
birgt sich still
die Erde.
Läßt schlafend
noch aus ihrem Grunde
vergeßne Traurigkeiten
in die Herzen steigen
wie Sehnsuchtshauch;
der aus verstummtem Munde
sich lösen muß
und Antwort sucht –
wenn alle Worte
schweigen.

NOVEMBER

dich
lieben wir selten
deine lichtarmen Tage
sprechen zu deutlich
Vergänglichkeit aus.
du erschreckst uns
mit Urgewalten
Ahnungen
ausgeliefert zu sein
wie lose Blätter
im Wind
wachsen zur Furcht
vor dem eigenen Tod

fällt in dein dunkles Gesicht
unverhofft Leuchten
bleibt uns doch
deine herbe Schönheit
der Ruhe
fremd

ihrer Verheißung
über braunen Äckern
und fahlen Wiesen
über kahlen Zweigen
geduldiger Bäume
über geschmückten oder
vergessenen Hügeln der Toten
glauben wir
kaum

DAS LÄCHELN FINDEN

Allein den Namen November auszusprechen, läßt viele von uns innerlich frösteln. Wir wünschen ihn vorüber, ehe er begonnen hat: dreißig Tage, dreißig einmalige Geschenke, möchten wir überspringen. Weshalb eigentlich? Läßt sich nichts Gutes, nichts Wichtiges für unser Leben im November entdecken, erfahren?

Es stimmt. Das überwältigende Fest der Farben ist vorüber, der Sommer liegt hinter uns wie eine unerreichbare Insel. Wie die Sonne sind wir ein wenig müde geworden – vielleicht sehr müde – und nun diese Zeit der wachsenden Nächte, der Stürme, Nebel und Regenschauer. Nun diese Zeit, in der es nichts Aufbrechendes gibt, nichts, das verheißungsvoll unsere Flügel entfaltet, keine Blüten, keine leuchtenden Früchte. Es ist die Zeit, in der uns wenig ablenkt, die uns leise einlädt, den Dingen, uns selbst, auf den Grund zu gehen. Und das fällt uns schwer.

Alles Leben braucht Strecken der Ruhe, der Sammlung, des Bei-sich-Seins. Die Hektik macht uns krank, der ständige Hochtourenlauf, die Furcht nachzulassen, etwas zu versäumen. Wer sich schon einmal – etwa in einem Meditationskurs – der Hinführung zum bewußten Stillwerden, zum Loslassen anvertraut hat, wird an sich selbst die Wohltat des langen Ausatmens, des Leerwerdens und Anhaltens, um neues Leben wieder einströmen zu lassen, erfahren haben. Draußen können wir erleben, wieviel Schönheit das Ausatmen, das Abwarten in sich tragen – im November.

Ich entsinne mich beglückender Begegnungen mit diesem Monat. Sie werden uns geschenkt – unverhofft – und wir sollten sie suchen. Dann offenbart sich das dunkle Gesicht auch als Antlitz schöpferischer Ruhe und Hoffnung.

Braun dehnen sich die Felder, umgepflügt nach der Ernte. Wärme schaut uns an, Gelassenheit. Wintergerste und Roggen beginnen zu keimen, schicken ihre zarten Sprosse ins blasse Licht. Sie werden wachsen und sich bestocken, damit sie der kommenden Kälte ge-wachsen sind. Auf anderen Äckern grünt noch das Laub der schnellwüchsigen Winterrüben, sofort nach der Getreideernte eingesät, als Frischfutter für das Vieh.
Und wie anders schön uns die Laubbäume grüßen! Nach dem Blattfall zeigen sie uns ihr charakteristisches Gesicht in der Krone als Ganzes und gegliedert bis in die feinsten Verästelungen. Zugleich gewähren sie dem Himmel Durchlaß. Wollen wir nicht staunen und uns freuen? Das ist noch nicht alles. Auf jedem Zweig bergen, unscheinbar noch, braunummantelte Knospen zusammengefaltet die künftigen Blätter und Blüten. Auch wir sind eingebettet in den Zyklus des Lebens. Das Sterben, als Durchgang, gehört dazu.
Es hat seinen tiefen Sinn, daß die Gedenktage für unsere Toten im November begangen werden. Nicht, weil sie in die „Trostlosigkeit" dieses Monats am besten passen, sondern weil er uns Raum gibt, ihnen zu begegnen. Begegnung wird sich ereignen, wenn wir das eigene Sterbenmüssen nicht verdrängen und nicht den Schmerz, wenn wir Zwiesprache halten mit denen, die uns vorausgegangen sind, und die wir wiederfinden möchten. So läßt sich, fürchtend und hoffend zugleich, die Brücke zum Ostermorgen konturenhaft erkennen.

Lichter der Erfüllung und Blumen der Hoffnung tragen die Feste der Heiligen in die kurzen Tage. Der Aufblick zu allen Heiligen eröffnet den Monat. Am 11. November feiern wir den Sterbetag des heiligen Bischofs Martin. Glücklich tragen viele Kinder leuchtende Laternen durch die Dunkelheit, singen von der Güte des heiligen Mannes und von ihren bunten Lampions. Wenig später blühen die Rosen

der jungen Elisabeth von Thüringen auf. Von ihnen ist es nicht mehr weit zur ersten Kerze am Adventskranz, die uns den Stern von Bethlehem ankündigt.
Ja, die schönen Kerzenflammen sind geliebte Begleiterinnen für uns während der abnehmenden Tage. Sie tauchen eine Teestunde in sanftes Licht, vielleicht umspielt uns Honigduft, wir blicken uns mit neuen Augen an und nähern uns dem Geheimnis. Oder wir empfinden einfach, wie tröstlich es ist, den Schein einer Kerze um sich zu haben.
Das Sich-nach-Innen-Wenden kann uns den Büchern näherbringen, der Musik, dem Gespräch.

All das ist November. Nicht nur dunkle, nebelschwere Tage, nicht nur das Gleichnis des Sterbens als Erfahrungen, die unser Gemüt unerträglich belasten. Traurigkeiten suchen uns auch an sonnenhellen Tagen heim. Sie sind mit dem Menschsein untrennbar verbunden. So läßt sich aber auch das Lächeln im Gesicht des „Totenmonats" finden. Diese Wahrheit klingt in dem chinesischen Sprichwort an: „Es ist besser, eine Kerze anzuzünden, als über die Dunkelheit zu klagen."

1980

HEUTE IST ZEIT

Was spricht
der schmale Hügel mit dem Stein
außer dem Namen
den du kennst?
Gestern noch
schwieg er für dich
als du ihn eilig
mit grünen Zweigen
bedecktest
ehe es schneit
aber heute?
Heute ist Zeit!
Dringt sein geduldiges
Da-Sein heut in dein Herz?
Weckt es
das unterdrückte Ich-auch?

Tod und Leben wollen
in Wahrheit und Liebe
sich grüßen
sich begegnen
in Gott

MIT DEN TOTEN

Klopfzeichen unter den Sohlen
erinnern Nähe.
Ungelöst
bleibt das Rätsel der Intervalle.
Oft bestimmt der Asphalt
taube Füße,
oft der Lärm
überforderte Ohren,
das Um-jeden-Preis-Neue die Augen
und wir glauben daran.
Noch verharren die Würfel in der Luft –
Anemonensträuße in deiner Hand,
Kindheitslieder von dir im Ahorngezweig,
unsre Schrittmelodien auf Sommerwegen,
dein Komm-wieder-Blick am Gartentor
halten sie im Schweben

November heißt eure Jahreszeit
nicht.

BÜCHER KÖNNEN BRÜCKEN SCHWINGEN

Bücher können Brücken schwingen
über Ozeane in dein Herz
weil sie unsere Träume singen
Wünsche, Ängste in die Augen bringen
weil in ihnen Freuden, Schuld und Trauer
und die Tode leben
weil sie Zeugnis unsres Menschseins geben

> roter Mann und schwarze Frau
> gelbes, braunes, weißes Kind
> Bücher schwingen in dein Herz
> weil sie Traum und Spiegel sind

Bücher können Dach und Wände bauen
für ein Erdenhaus, in dem wir wohnen:
Menschen aller Rassen, aller Zonen
aller Mythen, aller Religionen
wenn wir mit dem Herzen schauen
Ebenbilder, die einander trauen

> gelbe, braune, weiße Frau
> schwarzer Mann und rotes Kind
> Bücher bauen Dach und Wände
> weil sie Traum und Spiegel sind

Bücher können Quellen finden
Schätze heben, Samen streuen
Bücher können Garben binden
Flügel geben und auf neuen
Wegen dich und mich zusammenführen

> brauner, weißer, gelber Mann
> rote Frau und schwarzes Kind
> weil sie Traum und Spiegel sind

BÜCHER, MEINE FREUNDE

Vom Kinderreim zur himmlischen Augengymnastik

Menschen, Natur und Bücher waren von jeher Quellen, aus denen ich gespeist wurde zum Leben. Waren Brot, stifteten Communio zwischen sich und mir und zwischen mir und Gott. Geschöpfe, Schöpfung und Geschaffenes der Geschöpfe finden sich wieder im liebenden Schöpfer, in der Schöpferin Liebe.

Die ersten Bücher kamen durch Mutter und Vater zu mir: Bilderbücher mit Kinderreimen: Muh, muh, muh, so brummt im Stall die Kuh. Backe, backe, Kuchen, der Bäcker hat gerufen ..., „Der Struwwelpeter", „Grimms Haus- und Kindermärchen". Versiegelte Schatztruhen zunächst, Häuser von Hieroglyphen, von unterschiedlich geformten schwarzen Männchen, was die unbekannten Zeichen betraf, die so klangvolle Reime, lustige, warnende, wunderbare und schreckliche Geschichten wußten.

Das erste „Lesen" vollzog sich wohl so, wie es auch heute die Kinder im Wartezimmer des Arztes oder auf langen Bahnfahrten ausüben: „Noch einmal, Mama!" Schauen und Hören. Und später: „Jetzt lese ich." Die Finger laufen über die Zeilen, der kleine Mund flüstert vor sich hin oder findet laut die Geschichten zu den Bildern wieder, findet Neues. Wenn die Mutter wieder lesen darf, wird die kleinste Abweichung erkannt und gerügt.

Bevor ich selbst des Lesens mächtig war – Lesen ist eine Macht – kannte ich schon gut das große schwarzeingebundene Buch mit dem leuchtendroten Schnitt, den erhaben gepreßten Figuren auf beiden Buchdeckeln. Ich liebte es mit leisem Schrecken. Eine starke Anziehungskraft ging von ihm aus. Es war so schwer, daß ich es nur mit großer Anstrengung in die Hände nehmen oder gar tragen konnte. Das Wunderbarste daran: Es besaß ein richtiges schnörk-

lig-verziertes Schloß, das mit einem kleinen Schlüssel geöffnet und wieder verschlossen werden konnte.
In diesem Buch ließen sich die erstaunlichsten Bilder aufblättern: Männer und Frauen erhoben ihre von Strahlenkränzen umgebenen Köpfe in unnachahmlicher Haltung Höhen entgegen, die sich meiner Vorstellung entzogen. Noch unnachahmlicher und tief beeindruckend der Aufschlag ihrer Augen. Trotz beharrlicher Bemühungen wie Rollen der Augäpfel, wie Schielversuche in alle Richtungen, gelang es mir nie, diese unbeschreibliche Hinwendung der Augen zu einem geheimnisvollen Land, Geschehen oder Wesen hoch über uns zu erreichen.
Etwas Schuld muß ich allerdings meiner Mutter anlasten, die mich mehrmals störte, als ich eine gewisse Vollkommenheit der himmlischen Augengymnastik erlangt hatte, und die mir schließlich diese frommen Übungen ganz untersagte. Es waren die bei Erwachsenen wieder und wieder zu beobachtenden unbegreiflichen Verbote für mich als Kind, denen sich die Kinder wohl aller Zeiten ausgesetzt sehen.
Aber der bildhafte Umgang mit Männern, denen Löwen zu Füßen lagen, die von Pfeilen geradezu gemustert waren, auf eisernen Rosten gebraten wurden, die ihr großmächtiges Schwert in greuliche Drachen stießen, denen riesige Dampfwolken und züngelnde Flammen aus weit geblähten Nasenlöchern quollen – mit jungen, langlockigen Frauen, die anstelle eines Strickzeugs, der Nudelrolle oder des Waschbretts mit großen eisernen Rädern, eisernen Zangen, Türmen, Kelchen und Harfen dargestellt waren, blieb mir.
Vorgelesen wurde aus diesem faszinierenden Buch auch: sonntags, wenn meine Mutter etwas Zeit fand, oder an Winterabenden. Mein Bruder und ich hörten andächtiger zu als meine fast drei Jahre ältere Schwester, die einen häufigen Wechsel in ihrer Beschäftigung brauchte und verständlicherweise andere Interessen entwickelte.

In unserer gewichtigen Heiligenlegende befanden sich durchweg künstlerisch und sittlich wertvolle Abbildungen: Reproduktionen von Stahlstichen, Federzeichnungen oder Gemälden in klarem Schwarzweiß. Alle Frauen trugen faltenreiche, langwallende und langärmlige Gewänder, manchmal Schleier über dem Haar. Die Halsausschnitte der Kleider waren so bemessen – ein Grund, der mir damals nicht einleuchtete –, daß der Henker gerade noch ungehindert sein furchtbares Schwert mit dem Christenblut beflecken konnte. Auch die Männer waren sorgfältig gekleidet. Wo es das Martyrium nicht anders zuließ, hatten ihnen die Künstler wenigstens große Lendentücher gegeben.
Roher in ihren Moden wirkten die Henkersknechte, fast durchweg sah ich bei ihnen nackte Beine bis über das Knie. Es paßte zu ihnen.
Heilige in Fixi-Foxi-Manier oder Astrix- und Obelix-Art, mit Sprechblasen behaftet, gefährdeten nicht unsere kindlichen Gemüter, fesselten nicht das Interesse auf die ausschließliche Weise, wie es Eltern heute an ihren Kindern erfahren. Dennoch hat unsere alte Heiligenlegende lange Zeit eine starke Faszination für mich besessen, auch dann noch, als ich mühelos die zweispaltig gesetzten Lebensgeschichten, die ja Geschichten mit Gott und den Menschen sind, lesen konnte.

In der Welt die neue Welt

Zu den Kindern, die so mir nichts, dir nichts im Umgang mit den Klassikern aus Vaters Bücherschrank vor ihrem ABC-Schützen-Dasein das Lesen erlernten, darf ich mich nicht zählen. Ein Bücherschrank gehörte nicht zu unserem Mobilar, weder leer noch klassikerbesetzt. Die große Schublade im alten Kirschbaum-Vertiko, das mein Vater mit in die Ehe gebracht hatte, beherbergte verschiedene Gebetbücher, das Diözesangesangbuch der Diözese Breslau, das Neue Testament, Thomas van Kempens „Nachfolge

Christi". Zur Erstkommunion schenkte mir meine Patin ein schmales Gebetbuch, sogar in echtes schwarzes Leder gebunden, mit Goldschnitt, das der Heiligen Theresia vom Kinde Jesu gewidmet war. Liederbücher gab es auch; denn meine Mutter hat seit ihrer Schulzeit regelmäßig im Kirchenchor gesungen, und wir Kinder lernten früh die unterschiedlichsten Lieder zu Hause auf die einfachste Art: kein Tag verging, an dem meine Mutter bei ihren vielfältigen Tätigkeiten nicht gesungen hätte.
Das Christkind und die Geburtstage bescherten mir dann im Lesealter das eine oder andere heißgewünschte Buch, von meiner Patin auch eine Überraschung literarischer Art. Seltsam – an mein eigenes erstes Lesebuch – die Fibel – erinnere ich mich ebensowenig wie an das Lesenlernen selbst. Als sei dieser Schritt in das weite Land der Bücher aufgesogen von den Geschichten und den in ihnen Handelnden.

Angetan hatte es mir das alte Lesebuch meiner Mutter, ein dicker Band, bestimmt für die vier Jahre der Oberklasse, damals war das die vierte bis erste. Die erste Klasse war nun einmal das hohe Ziel, dem alle Schulkinder entgegenlernten, entgegenlernen mußten. Aus der ersten Klasse wollten die Fleißigen, die Strebsamen entlassen werden. Dieses Bildungswerk also für die 10–14jährigen, braungrau-marmoriert eingebunden, mit festen Deckeln, studierte ich im Alter von 8 und 9 Jahren. Es enthielt in gotischer Schrift Geschichten und Gedichte, die ich oft gelesen habe. Heute noch bedaure ich es, daß wir den alten Schatz nicht in unsere neue Heimat im Westen Deutschlands retten konnten. Im alten Lesebuch schloß ich die erste Bekanntschaft mit Johann Peter Hebels Kalendergeschichten. Besonders liebte ich „Kannitverstan", die Märchen, die Gedichte „Die Schnitterin" von Gustav Falke und Adelbert von Chamissos „Die alte Waschfrau" und „Die Kreuzschau". Und wie gern verweilte ich bei den Nachdrucken von Ludwig Richters

Bildern, des „Frühlings" etwa. Heute – es spricht sich wohl mehr als ein sentimentaler Hang zum schönen Altmodischen darin aus – werden Faksimile-Ausgaben der Grimmschen Kinder- und Hausmärchen-Sammlungen mit Richters Holzschnitten, Balladenbücher und Zeitschriftenjahrgänge mit künstlerischen Darstellungen aus dem vorigen Jahrhundert angeboten und gekauft.
Manchmal sprach meine Mutter das eine oder andere Gedicht für mich. Ohne Stocken, fehlerfrei fand sie es in ihrem Gedächtnis gespeichert. Jetzt, mit 86 Jahren, schreibt sie mir in eine Kladde Lieder und Gedichte, an die sie sich noch von ihrer Schulzeit her erinnert.
Ein zweibändiges dickes Lexikon stöberte ich damals im Sofa-Umbau auf: „Der Mensch in kranken und gesunden Tagen". Darin las ich heimlich. Ich wußte, daß nach Meinung meiner Eltern vieles für mich noch nicht bestimmt war. Der Reiz des Geheimgehaltenen, des Verbotenen übte auch auf mich seine Anziehungskraft aus.

Die Welt der Bücher hat mich in früher Kindheit in einer Ausschließlichkeit ergriffen, die meine Mutter zunächst bekümmerte und schließlich zu einschneidenden Erziehungsmaßnahmen veranlaßte. Wenn ich auf einem Gabentisch das ersehnte Buch oder ein überraschendes literarisches Geschenk fand, mußte ich es sogleich in die Hände nehmen, aufschlagen und lesen. Menschen und Dinge meiner Umgebung verflüchtigten sich, ob es Geschwister und Eltern oder die freigebigen Großeltern, Tanten und Onkel waren. Wie unter einer Zauberglocke atmete ich die gleiche Luft mit den Gestalten des Buches und ich kehrte, dem Zwange gehorchend, ungern in die Besucherrunde oder an den Familientisch zurück, gleichsam zweigeteilt. Mein äußerer Mensch erfüllte den erheischten Anspruch, innerlich blieb ich unter der Glocke, fieberte der vollen Gemeinschaft mit dem Buch entgegen. „Du frißt die Bücher", hieß es bei uns. Ja, das tat ich, und satt wurde ich nicht. Auch als erwachsener Mensch habe ich halbe Nächte lang mit Büchern verbracht, der Müdigkeit am folgenden Arbeitsmorgen gewiß. Daß meine wohlmeinende Mutter die „Lesewut" in einen distanzierteren, geordneteren Umgang mit Büchern lenken wollte, indem sie ein ganzes Jahr lang literarische Geschenke ausschloß, war ein großer Schmerz für mich. Später begriff ich ihre gute Absicht. „Geheilt" wurde ich nicht.

Meine Eltern fanden während unserer Kindheit und Jugendzeit lediglich Muße, das Tageblatt zu lesen und ab und zu etwas Frommes, Erbauliches. Das tägliche Brot forderte ihre ganze Kraft. Hinzu kam, daß mein Vater, ein wortkarger Mann, den Geheimnissen des Lebens durch den Umgang mit Dingen nachspürte. Er war ein geduldiger Bastler, zerlegte unbrauchbare Apparate und Maschinen in ihre vielen kleinen Teile und fügte sie neu zusammen. Es gelang ihm, wenn auch manchmal nach langwierigen Versuchen, dem Entzweigegangenen ein zweites und drittes Leben zu schenken. Wir Kinder waren fest davon überzeugt, daß unser Vater alles wieder ganzmachen konnte.

Expeditionen

War es mein Lesehunger, war es die Lust, zu entdecken, was mich an einem Sommertag als Neunjährige auf unseren kleinen Dachboden führte? Die schmale Leiter entließ mich in dumpfe, warme Luft, in ein Zwischenlicht. Ein bißchen warten. Umgewöhnen. An manchen Stellen schickte die Sonne schräge Goldbahnen durch das schadhafte Dach (unser bäuerlicher Hauswirt ließ nichts ausbessern), Tanzflächen für unzählige graziöse Stäubchen. Es roch nach Holz; denn die eine Hälfte des dämmrigen Raumes diente meinem Vater, der eine kleine Tischlerei betrieb, als Sarglager. Gegenüber fanden sich Kartons, Kisten, Gerümpel, wie vielfach auf alten Dachböden. Hier

entdeckte ich, sorgsam gebündelt und verschnürt, unter einer pelzigen Staubschicht mehrere Jahrgänge der „Stadt Gottes". Eine Fundgrube! Herrlich rührende Heimat- und Liebesromane, in Fortsetzungen gedruckt, schlossen neue Dimensionen auf, auch Geschichten aus fremden Ländern von Missionaren, ihrer gefahrvollen und aufopfernden Tätigkeit für den Christenglauben und Berichte, wie selbst Kinder, die an Jesus glauben wollten, von ihren heidnischen Eltern gequält und gestraft wurden. Ähnliches, aber „kindgemäßer" zubereitet, enthielten die Hefte des „Kindheit-Jesu-Vereins", in dem wir drei Geschwister Mitglied waren. Wie bedauerten wir die armen „Heidenkinder". Nicht etwa, weil sie zu wenig Essen bekamen, sie wurden immer rundlich wohlgenährt abgebildet, sondern weil sie Jesus nicht kannten, weil sie nicht, wie wir, getauft waren. Man konnte sie sogar „kaufen ", die armen Kleinen, damit sie Kinder Gottes wurden. (Es soll heute noch ernstzunehmende Christen geben, die glauben, Gotteskinder würden Menschen erst durch die Taufe. Wessen Kinder, wenn wir vom selbstverständlichen Kindheitsverhältnis zu unseren Eltern einmal absehen, sind die kleinen Menschenwunder vorher? Heißt Taufe nicht Aufnahme in die christliche Gemeinde? Hat diese Gemeinde Gott als Vater uneingeschränkt in Besitz genommen?)
Bei meinen Dachbodenexpeditionen stieß ich auch auf etwa zwanzig schmale, in rotes Leinen gebundene Bücher mit dem Titel „Bibliothek der Unterhaltung und des Wissens". Woher diese Literatur stammte und wie sie auf das Abstellgleis bei uns geraten war, weiß heute auch meine Mutter nicht mehr zu sagen. Gelesen habe ich darin mit Neugier, Ausdauer und Vergnügen. Noch jetzt sehe ich die Bände vor meinem inneren Auge, die heiteren Girlanden von Jugendstilornamenten, mit denen jeweils das Titelblatt und die erste Seite eines neuen Kapitels geschmückt waren. Jedes Buch schloß mit mehreren Seiten humorvoller Beiträge. Die Witze haben mir besonders gefallen.

Forschungsreisen in abgeschwächter Form glichen auch meine Gänge in die Schülerbücherei und die Pfarrbibliothek. So frei wie heute in kinderfreundlichen Büchereien durften wir uns damals allerdings im bunten Reich der Bücher nicht bewegen. Mit den ausgeliehenen Schätzen an einem stillen Platz fielen zum Glück die Grenzen.

Daß die Welt weit wird, daß Menschen und Dinge mich an der Hand nehmen, mir in die Augen blicken, daß ich sie aufnehme, mich fragen lasse, beschenkt und gefordert werde, verdanke ich meinen Freunden, den Büchern, so hoffe ich, noch lange.

1984

ANDERES JAHR

mütterlich
berührt uns im Schlafe
das andere Jahr

unsre Sekundensterne grüßen es nicht
keiner wacht, ihm zu opfern

frei vom Stempel der Zahl
aus dem Maß gelöst das bindet
Planeten und Sonnen
spricht es die Botschaft: steht auf!

alt und jung in einem trägt es
den Leuchter vor uns her
durch die adventlichen Täler

sein getreuer Name ist
Heil

DIE LIEBE SCHREIBE DAS ZIFFERBLATT

es ist höchste Zeit
unsre Zeit neu zu messen
ganz neu wie am ersten Tag
die Liebe schreibe das Zifferblatt
und die Zeiger folgen dem Sinn

im ersten Viertel steht:
du bist gemeint
dich nehme ich an
dein Glück ist mein Glück

im zweiten Viertel steht:
du bist gemeint
dir traue ich zu
dein Glück zu teilen

im dritten Viertel steht:
du bist gemeint
dir gebe ich Kraft
der Schöpfung zu dienen

im vierten Viertel steht:
du bist gemeint
dir mute ich zu
den Frieden zu stiften

es ist höchste Zeit
unsre Zeit neu zu messen
ganz neu wie am ersten Tag
die Liebe schreibe das Zifferblatt
und die Zeiger folgen dem Sinn

DEZEMBER

Auch deine Tage
drückt oft Dunkelheit.
Die Nächte wachsen;
und doch
verebben Ängste im zarten Schimmer,
der am Horizont
das Licht verkündet

Wer glauben kann,
erhofft das Kind,
und daß mit seiner Botschaft
wir uns wandeln.
Wer's nicht vermag,
blickt aus nach Menschlichkeit
aus Menschenkraft.

Und manche, müde
ohne Weg und Ziel,
erinnern sich
vorübergehend
am Glück erwartungsfroher Kinder

TURM UND ROSE

Betrachtungen zum Barbaratag

Unsre Geschichte der Türme
reicht in die fernste Zeit
eher sind wir bereit zu steigen
als uns geduldig dem Schwachen zu neigen
eher mauern wir ein
als Tor ins Freie zu sein
eher trauen wir Steinen
als uns verletzlichem Leben zu einen
eher halten wir fest
was sich nicht halten läßt

Die Legende erzählt:
Barbaras Glaube blühte mitten unter dem Götzenspuk des väterlichen Hauses auf. Dioskorus wollte seine Tochter einem vornehmen Feier vermählen; er hielt sie wie einen seltenen Edelstein, und wenn er verreiste, schloß er sie in einen Turm mit zwei Fenstern. Als er eines Tages zurückkehrte, fand er ein drittes Fenster in die Wand des Turmzimmers gebrochen und auf der marmornen Schwelle das verhaßte Kreuzzeichen. Freimütig gestand Barbara, daß sie Kreuz und Fenster habe anbringen lassen, um sich stets an das Zeichen der Erlösung und an das Geheimnis der heiligen Dreifaltigkeit zu erinnern. Der Vater wollte sie auf der Stelle töten; sie entwich ihm und führte ihre Sache vor dem Richter so gut, daß er nichts wider sie vorzubringen wußte als die Folterung. Gott heilte ihre Wunden; neugestärkt erschien sie zum zweiten Male vor dem Richterstuhl, wo der entmenschte Vater sie schon erwartete und nach grausamen Qualen mit eigener Hand tötete. (Nach: „Helden und Heilige", von Hans Hümmler, Verlag Buchgemeinde Bonn, ca. 1938). In „Knaurs Vornamenbuch", München 1984, wird als Todesdatum „um 306" angegeben.

Die Menschen des Babylonischen Turms und Dioskorus, Barbaras Vater, wie gut kennen sie sich? Wie nahe sind sie einander verwandt? Worin unterscheiden sie sich?
Sein wie Gott? Erstürmen? Sich selber zum Maß der Dinge, zum Maß des Lebens setzen? Das Leben der Anvertrauten sich aneignen oder ins eigene Wachstum geleiten, entlassen?
Ein Mensch gibt vor, zu lieben. Die schöne heranwachsende Tochter erfreut ihm Augen und Herz. Das will sie auch. Sie glaubt sich geborgen. In guter Hut. Vielleicht befremdet sie der Wunsch des Vaters, daß sie in einem Turm leben soll, abgeschnitten von ihrer vertrauten Umgebung, von ihren Freundinnen, Freunden und Bekannten, wenn dieser Mann auf Reisen geht. Er öffnet sich die Welt. Seiner Tochter schuldet er vermeintlich keine Rechenschaft. Sie schließt er ein. In ein schön ausgestattetes Gefängnis. Hinausschauen darf sie. Durch die Fenster, die er eingeplant hat. Erwarten darf, soll sie ihn. Ihre Sehnsucht soll ihm entgegenfliegen. Ihre Träume sollen sich in den Grenzen bewegen, die er setzt. Ebenso die ureigensten, tiefsten Fragen des Menschen nach seinem Woher und Wohin.
Barbaras Mutter ist vielleicht früh gestorben. Oder hat Dioskorus sie verstoßen? Die Legende weiß nichts von ihr. Alle Wünsche des Vaters, des Mannes, umschließen die Tochter, die aufblühende junge Frau. Er wird wählen, wem sie angehören darf. Er allein. Neben ihm darf sie niemanden lieben. Niemanden, ohne seine Zustimmung vorher erbeten zu haben.
Weiß Dioskorus nicht, daß es eine Liebe gibt, die Mauern durchlässig macht? Die so zärtlich und so begeisternd anklopft, daß der Mensch sein Herz ergreifen läßt ohne Frage. Erwartete die Sehnsucht nicht längst dieses Kommen? Barbara umfängt freudig die Frohe Botschaft Jesu Christi. Sie ist gute Erde für den Samen des Wortes. Ein neues Fenster öffnet sich ihr zum Leben. Verschlossenes

blüht ihr auf. Liebenswerter erscheint ihr die Welt; denn jetzt sind alle Menschen inbegriffen. Jetzt erfährt sie ganz klar, was unbewußt ihr Herz bewegt hatte: Jeder Mensch, bis zum letzten Sklaven, zur letzten Sklavin, ist Kind Gottes. Jeder Mensch hat sein Tun und Lassen vor dem liebenden Gott zu verantworten. Auch der mächtige Kaiser. Cäsar ist kein Gott. Kein Herr über Leben und Tod. Auch ihr Vater wird von Jesus geliebt, wie Faustina, ihre Amme, Sklavin seit Geburt, beide werden nach ihren Mitmenschen gefragt.

Das junge Mädchen freut sich auf die Heimkehr des Vaters. Noch besser werden sie sich verstehen, mehr einander geben können. Oder – fürchtet sie sich ein wenig? Hat sie den unbeugsamen Willen, verborgen unter dem Vaterstolz, erblickt, erahnt? Hofft sie, daß auch er sich begeistern lassen wird? Er soll ihr aufgetanes Herz schon von weitem erkennen. Er soll sehen, daß ein neuer Lichtquell aus- und einströmt durch das dritte Fenster.

Weshalb spürt er nichts von diesem neuen Glück? Weshalb versucht er nicht, daran teilzunehmen? Sie zu verstehen? Selbst wenn ihm das fremd, abwegig, gefährlich erscheint? Er weiß doch, wie gern sie ihm gehorsam war, wenn ihre innere Wahrheit nicht verletzt wurde.

Welche Empfindung vermag in solchen blanken Haß umzuschlagen? Für-Sorge?

Für Väter und Mütter stellt sich not-wendig und offen bleibend die Frage: Wen liebe ich? Die Kinder? Meine Wünsche, meine Vorstellungen von ihrem Leben? – Sich selbst auf die Spur zu kommen, wie beschämend, wie schmerzhaft das sein kann. Und wie befreiend! Für die ins Leben Drängenden und für sich selbst. Ein neues Fenster! Eines, das in guten Augen-Blicken sich auftat vor mir. Das ich kurzsichtig wieder verdunkelte. Mein Kind ent-deckte es. Sah sein Leben darin blühen. Sagte: Sieh auch. Freu dich mit! Ich entschied: Fata Morgana. Unkraut. Nicht in meinem Haus. Nicht für mich. Nicht für dich.

Dioskorus schlägt zu. Barbara weiß sich zu verteidigen. Vielleicht hofft sie, daß die Blendung des Hasses gemildert wird. Daß die Liebe eine winzige Chance erhält. Der Richter, beeindruckt von der lebensvollen jungen Zeugin, vielleicht sogar überwältigt, zieht sich feige zurück hinter die Folterknechte. Fürchtet er für sein Amt, sein Ansehen, sein eigenes Leben, wenn er gegen den anklagenden Vater entscheiden würde? So verstrickt in seinen Haß bleibt Barbaras enttäuschter Besitzer, daß er selbst die Tochter tötet.

Eine Legendenfassung (in: Das große Buch vom den heiligen Namenspatronen, für Kinder erzählt von Josef Quadflieg, Patmos, Düsseldorf, 1964[2]) läßt das göttliche Strafgericht sofort tätig werden: Der Mörder wird aus heiterem Himmel vom Blitz erschlagen.
Ich möchte die Legende anders weitererzählen:

Dioskorus läuft fort, läßt den blutenden Leib seiner jungen Tochter zurück. Zu Hause hat die Dienerin Prisca den Tisch gedeckt. Roter Wein leuchtet im geschliffenen Glas. Entsetzen steigt in dem gestrengen Herrn auf. Würgt ihn. Luft! Atem! Blumenkelche duften im Garten. Barbara hat sie gepflanzt und gepflegt. Fort, zu den Bäumen. Sie sollen ihm Erfrischung schenken, Ruhe. Zwischen zwei Ölbäumen Barbaras Lieblingsbank. Ein Haarband um die Lehne geschlungen. „Sie lebt", denkt er, „sie muß leben!" Bald werden in seinem Haus die Hochzeitsgäste lachen und tanzen. „Barbara", ruft er, „Barbara, singe mir ein Lied!" Auch ihr Zimmer verlassen. „Sie ist in den Turm gegangen, um weit hinauszuschauen." Unverschlossen die Tür. Er steigt die Treppen hinauf. „Spielt sie auf der Laute?" – „Nein, nein", flüstert es, „deine Tochter ist tot, du hast sie erschlagen." „Ruhe", schreit er, „ich lasse euch auspeitschen, elende Lügner!" Weiter. Sonne fließt durch eine Luke auf die Schwelle von Barbaras Tür. Der Marmor muß beschädigt gewesen sein. Etwas wurde zugedeckt. „Die

Handwerker sind Pfuscher", denkt Dioskorus. „Ich werde sie nicht bezahlen."
Licht. Das Zimmer ganz Licht. Zarter Duft empfängt ihn. „Wo ist sie?" Auf dem Tischchen vor dem mittleren Fenster ihre Laute. Ein Papyrusblatt daneben. Das Lied kennt er nicht.

Der Herr ist mein Hirte, nichts wird mir fehlen.
Er läßt mich lagern auf grünen Auen
und führt mich zum Ruheplatz am Wasser.
Er stillt mein Verlangen;
er leitet mich auf rechten Pfaden, treu seinem Namen.
Muß ich auch wandern in finsterer Schlucht,
ich fürchte kein Unheil; denn du bist bei mir,
dein Stock und dein Stab geben mir Zuversicht.

„Ja, das stimmt. Für Barbara war er immer Herr und Beschützer. Das war sein Wille, sie leiten und führen. Auf den Pfaden, die ihm recht waren. Manches ist dunkel. Mädchen! Was sie sich zusammenträumen."

Du deckst mir den Tisch vor den Augen meiner Feinde.
Du salbst mein Haupt mit Öl, du füllst mir reichlich den Becher.
Lauter Güte und Huld werden mir folgen mein Leben lang,
und ins Haus des Herrn kehre ich zurück.

„So ist es. Er hat ihr den Tisch gedeckt. Feinde? Sie nicht. Er wird ihr immer reichlich den Becher füllen. Er wird ihr seine Huld schenken, wenn sie zurückkehrt. Will sie ihm damit sagen: ‚Vater, ich komme wieder in dein Haus'? Es kann nicht anders sein."
Er blickt auf. Das mittlere Fenster! Seltsam. Er erinnert sich nicht daran. Sie hat ihn nicht gefragt, als sie es herausbrechen ließ. Aber schön empfindet er den Dreiklang des Lich-

„Pinienwald"

tes: Morgen – Mittag – Abend. Hier will er auf Barbara warten. Er zieht ihren Sessel heran. Vor das Fenster der Mitte. Abendrot fällt herein. Dunkelheit. Der Wächter verschließt den Turm mit mächtigem Schlüssel.
„Hast du den Herrn gesehen?" fragt wenig später die Dienerin Prisca, die für das Essen sorgt. Niemandem ist er begegnet, nachdem die Schreckensnachricht von Barbaras Tod durch die Stadt ins Haus gestürzt ist. Alle Sklaven fürchten sich. Ein Bote klopft an. Der Richter läßt fragen, was mit der Leiche des Mädchens geschehen soll. Er will die Tochter des einflußreichen, begüterten Dioskorus nicht wie andere Hingerichtete den Raubvögeln überlassen. „Ohne den Herrn können wir nichts bestimmen", erklärt der Obersklave Demetrius. „Du mußt wiederkommen." Aber Faustina, Barbaras alte Amme, folgt dem Mann zur Tür. „Bringt sie nach Einbruch der Dunkelheit", fordert sie, „ich erwarte euch am hinteren Tor." So geschieht es. Zwei Sklaven schaufeln das Grab neben einer Zypresse tief im Garten. Allein zurückgeblieben, zeichnet Faustina einen Fisch in die Erde und deckt den Platz mit Laub zu. Sie fröstelt in der kühlen Novembernacht.
Zur gleichen Zeit schläft Dioskorus im Turmzimmer. Über dem fremden Lied „Der Herr ist mein Hirte" liegt seine linke Hand. Im Traum sieht er Barbara durch das Gebirge wandern. Furchtlos bewegt sie sich am Rande einer steil abfallenden Schlucht der Sonne entgegen. Wenn sie in Felsspalten eine kleine Blume bemerkt, beugt sie sich hinab und setzt dann lächelnd ihren gefährlichen Weg fort. Dioskorus möchte rufen. Seine Stimme gehorcht ihm nicht. Ein dunkler Reiter taucht weit hinter Barbara auf. Sie wird verfolgt. Der Abstand verringert sich. Wieder versucht der Vater, seine junge Tochter zu erreichen, sie zu warnen. Nichts als ein heiseres Flüstern gelingt. Furchtbare Angst schnürt ihn ein.
Als Barbara den Hufschlag des Pferdes hört, wendet sie sich um. Eine tiefe Wunde zerschneidet ihre Stirn. Sie

lächelt. Hebt sie die Hand? Ein Stein löst sich unter dem Vorderfuß des Rappen. Er scheut. „Vater!" ruft Barbara und winkt ihm zu. Plötzlich verdeckt Nebel alle Bilder. Morgens erwacht Dioskorus mit dem Traum. Sein Klopfen an der Turmtür, sein Auftauchen erschrecken alle im Haus. Was wird geschehen?
Der Herr rüstet zu einer längeren Reise. Er will Barbara suchen und heimbringen. Der Dienerschaft erteilt er seine Befehle. Bei seinem Freund Justinus hinterläßt er weitere Anweisungen. Niemand wagt es, an die Wahrheit zu rühren. Zwei Sklaven müssen den ruhelosen Mann begleiten. Zehn Tage nach Barbaras Tod reitet die Dreiergruppe aus dem Stadttor. Faustina pflanzt auf das Grab ihres Brustkindes einen Rosenstrauch.
Im ersten Jahr trifft bei Justinus einige Male ein Lebenszeichen ein. Danach bleibt Dioskorus verschollen. Seit dem gewaltsamen Sterben der jungen Barbara sind fast drei Jahre vergangen, als ein zerlumpter Mann mittags an die Tür klopft und verlangt, Faustina zu sprechen. Er läßt sich nicht abweisen. Die Alte erkennt ihn wieder. Bis vor einigen Monaten hat er Dioskorus gedient. Kreuz und quer sind sie durch das Gebirge geritten, die steilsten Wege emporgeklettert, haben Höhlen durchforscht, sich in einer Stadt etwas ausgeruht, mit dem Notwendigen versorgt und brachen aufs neue zur Suche auf. Dioskorus starb plötzlich, ohne ersichtlichen Grund. Am Tag zuvor schenkte er den beiden Sklaven die Freiheit. „Hatte sich der Herr verändert?" erkundigt sich die Amme. „Er gehorchte einer unsichtbaren Stimme und der Traurigkeit." Die Alte nickt.
Auch an diesem dunklen Novembertag besucht Faustina das Grab neben der Zypresse. Ein zärtliches Licht schwebt ihr entgegen. Zum ersten Male trägt der Rosenstrauch Blüten.

1986

KLEINES LICHT VOM GROSSEN LICHTE

Hol das Wachs der Bienen her,
Honigduft und Wabe,
eines reifen Sommers Habe;
denn die Nächte wiegen schwer.

Leere Kammern träumen wach
hundertfaches Leben,
unsichtbare Flügel schweben
Lichtvermächtnis unters Dach.

Ahnt der Docht, hinaufgestreckt,
Hochzeitsflug und Sterben?
Brennend geben wir und erben,
sind im Tode und erweckt.

Kerze, blüh das Dunkel fort,
kleines Licht vom großen Lichte –
einer hebt schon die Gewichte,
und sein Stern erkennt den Ort

GIB FRIEDEN

Zehn Tage vor Weihnachten. Vor wenigen Minuten habe ich endlich Zeit gefunden, mich in eine stille Ecke zu setzen, um Weihnachtspost zu schreiben. Vieles, was ich in den letzten Wochen – Monaten – beantworten wollte, habe ich vor mir hergeschoben. Wichtigeres schien sich dazwischenzudrängen. Ich wähle unter den Karten, die ich aus dem Stapel in der Schublade aussortiert habe. Wie spät ist es eigentlich? Schon halb sechs! Mir bleibt nur eine geringe Spanne bis zum Abendbrot. Zuerst werde ich an meine Freundin in der DDR schreiben. Hoffentlich ist die Post diesmal nicht so lange unterwegs, wie schon öfter. Bei dieser geringen Entfernung. Ach, diese schreckliche deutsch-deutsche Grenze! Ich stöbere noch einmal die Karten durch. Hier, diese. Aus der Reihe von Pax Christi: Schwerter umschmieden zu Pflugscharen – Motive zur Versöhnung zwischen Juden und Arabern. Eine Flötenspielerin: anmutig der Fluß ihrer Bewegungen; Gesicht, Gestalt, Kleidung: fantasievolle Formen und Farbigkeiten. Und der Rahmen: Shalom – pace – paz – peace – Frieden – Pax. Darüber freut sich Cornelia bestimmt.
„Liebe Cornelia, wieder einmal haben nur meine Gedanken die Entfernung zu Dir überbrückt. Ich bin dankbar, daß unsere langen Briefpausen keine Trennung bedeuten. Zuerst ..." dingdong, dingdong, dingdong – dingdong – dingdong. Ich fahre hoch. Ärgerlich. Das kann nur Daniel sein, mein siebenjähriger Sohn. Ich öffne die Tür. „Mann, dauert das lange, bis du kommst, Mama", und schon hat er sich an mir vorbeigequetscht, läßt den Anorak fallen und stößt die Tür zu seinem Zimmer auf. „Einen Moment, Daniel, zuerst hängst du bitte deine Jacke auf." – „Mensch, immer so umständlich", mault er. Aber ich bleibe an der Tür stehen, wahrscheinlich komme ich ihm wie ein Polizist vor. Nachdem er die Kapuze an den Haken geworfen hat, will er wieder verschwinden. „Ich möchte gern deine Haus-

aufgaben sehen", sage ich. „Warum, ich habe alles gemacht." – „Trotzdem, Daniel." „Mama, unsere Lehrerin sagt, wir sollen es allein machen." – „Sagt sie auch, daß die Mutter sich das nicht ansehen darf?" erkundige ich mich. „Daniel, ich möchte doch so gern wissen, was du schon alles kannst. Ich freu' mich doch dann." – „Ehrlich, Mama?" „Ehrlich." Mein Sohn holt seinen Pelikan-Schreibblock heraus. Ich lese:

Sabine malt einen Teddi / Sabine malt ein Teddi
Sabine malt ein Baum / Sabine malt einen Baum
Sabine malt ein Haus / Sabine mal ein Haus
Sabine malt Muschi / Sabine malt Muschi

Jeden Satz hat Daniel zweimal geschrieben. Ein paar kleine Ausrutscher sind dabei. Aber er hat es schön gemacht. Am Ende jeder Reihe sind Teddi, Haus, Baum und Muschi gemalt. Ich lobe meinen Sohn und drücke ihn an mich. Er ist glücklich.
Auf dem Stundenplan sehe ich, daß Daniel morgen Religionsunterricht hat. „Brauchst du dieses Mal für Frau Weider nichts zu malen?" frage ich. Eifrig kramt er in seiner Schultasche. „Dani, was ist?" – „So was Doofes, Mama, was ich nich kann." „Frau Weider wird schon wissen, ob ihr Kinder das könnt." „Weiß sie eben nich, Mama. ‚Frieden' sollen wir malen." „Frieden?" – „Siehste, weißt du auch nich, und ich soll's malen. Das ist einfach doof." Ich überlege einen Moment. „Was hat Frau Weider euch denn vom Frieden erzählt?" – „Ach, so eine Geschichte." – „Und wie ging die?" – „Die war langweilig." Ich merke, daß ich so richtig ungeduldig werde. Meine Friedenskarte bleibt liegen. Entfernt sich.
„Etwas weißt du doch davon, Daniel." – „Da war eine alte Baumwurzel. Und dann wächst ein kleiner Zweig raus. Und das ist der König." Also Jesaja, denke ich. Aber das kann nicht alles sein. „Sollt ihr das malen?" – „Nein." „Was

denn?" – „Ach, daß die kleinen Löwen und kleine Kälber zusammen auf die Weide gehn. Und der Bär und die Kuh auch. Und daß der Löwe Stroh frißt. Und das ist blöd." – „Warum, Dani?" – „Mann, das weißt du doch, Mama. Löwen fressen nie Stroh. Habe ich genau gesehen bei Heinz Sielmann, wie die Löwenmütter jagen." – „Gefällt dir das besser, als wenn sie Gras oder Stroh fressen?" – „Dafür haben sie ihre großen Zähne. Und Frau Weider hat uns selbst schon erzählt, daß Gott sie so geschaffen hat."

Seltsam – ich habe noch nie daran gedacht, wie Kinder die Prophetien Jesajas auffassen könnten. Ich empfand sie, soweit ich mich erinnere, immer als großartige, beglückende Bilder des Friedens, der uns zugesagt ist. Vielleicht hat sich Frau Weider auch davon leiten lassen und gemeint, daß Kinder gerade mit dem friedlichen Beieinander der Tiere etwas anfangen könnten. „Aber, Dani, die Antilopen oder andere Tiere, die von den Löwen gerissen und gefressen werden, tun die dir nicht leid?" –„Doch. Aber die Löwen und Panther jagen auch schwache Tiere. Manchmal sind die schon krank und müßten sowieso sterben. Und auf der Weide und Stroh fressen, die schönen Löwen, die sind doch so stark, Mama, und die schleichen sich so schlau ran, und springen können die!"
Er ist fasziniert von den „Königen der Wüste", er kann von der Tiefe und Schönheit des prophetischen Bildes nichts begreifen. Auch uns fehlen die alltäglichen Erfahrungen wandernder Hirten in der Steppe. Wie oft werden die Herden von wilden Tieren bedroht gewesen sein. Wie sehr mögen sich in den Gefahren und Mühen die Menschen gewünscht haben, daß Löwen und Wölfe friedlich neben Lämmern und Rindern lagern könnten. Nur einer würde all die Not und den Kampf und das Sterben in freudiges Leben umwandeln, Jahwe, der seinen Gesalbten auf die Erde schicken will.
„Als wir das letzte Mal im Zoo waren, hast du dich beson-

ders über die kleinen Bergziegen gefreut, Dani. Am liebsten hättest du eine mit in unseren Garten genommen." Er nickt lebhaft. „Du hast gesagt, das geht nich, Mama." „Stimmt, Dani. Fändest du es nicht richtig schön, wenn die Bergziegen und der Panther im gleichen Gehege leben könnten?" – „Ich weiß nich." Plötzlich denke ich an das Bild vom Säugling am Schlangenloch. Daran erinnert sich mein Sohn anscheinend auch gerade; denn er erklärt: „Das kleine Kind und die Schlangenhöhle kann ich auch nich malen." – „Versuch es, Dani!" – „Und so was gibt es auch nich." –
Mein Geduldsfaden hat sich zum Zerreißen gespannt. „Bei uns nicht, in anderen Ländern kommen Schlangen sogar in die Häuser oder beißen die Menschen, wenn sie im Wald oder an einer sonnigen Stelle gestört werden. Du malst jetzt etwas von dem, was wir besprochen haben!" – „Aber wenn es doch nich stimmt!" „Stell dich nicht so an!" entgegne ich wütend, „ich habe noch viel zu tun, gib jetzt Frieden!" Daniels erschrockene Augen halten mich in der Drehung fest. Ich erschrecke auch, und ich schäme mich.

Ungewohnt still schiebt mein Sohn seinen Tornister unter den Tisch. „Entschuldige bitte, Dani, ich möchte dir ja gern helfen. Soll ich bei Frau Weider anrufen?" Die Antwort springt aus seinem Mund. „Nein, Mama, die denkt, ich habe nich aufgepaßt, oder morgen fragt sie, und die andern lachen mich aus." – „Was machen wir nun?" Er hebt die Schultern. „Ich geh' spielen zu Markus." „Ich ruf' dich zum Essen." Gemeinsam verlassen wir sein Zimmer. Elend fühle ich mich. Anfangen, immer wieder anfangen! Im Flur fragt er: „Mama, Frieden is doch was Schönes?" „Ja, Dani." „Dann male ich, wie Anna, ich, du und Papa zusammen spielen."

1982

WEIHNACHTSMARKT

Vorausschau
auf den Tag der Seligkeiten
im Duft
gebrannter Mandeln,
rotglasierter Äpfel.
Unter gestreiften Himmeln
fliegen Rauschgoldengel,
Puppengesichter lächeln
pausenlos,
und Hampelmänner zwinkern:
Nimm mich mit!

Erwartungsvoll und wünschend
ziehen Kinder die Großen mit
durchs Spielzeugland.
Erinnerungen, Träume
wachen auf

Die hochgewölbte Kirche
wartet noch;
vertraute, schmückende Fassade.
Dem neuen, alten Treiben
von uns Menschen
schaut sie wissend zu

1975

KORN DER GROSSEN LIEBE

aus des Lichtes Kern
fällt auf unsern Stern
Korn der großen Liebe

findet gutes Land
wurzelt unerkannt
Korn der großen Liebe

wächst durch enges Tor
in der Nacht hervor
Korn der großen Liebe

reift heran zum Brot
bricht sich unsrer Not
Korn der großen Liebe

1983

ES WERDE LICHT

Wie können wir dich nennen, mächtige Liebe? Unsere Worte sind zu arm. Immer tasten wir uns mühselig an dich heran. Immer müssen wir dein Geheimnis umschreiben.
Licht nennt dich unsere Sehnsucht, befreit zu sein aus den Ängsten, den Dunkelheiten unserer Erdentage. Ewiges Licht nennt sie dich, ohne zu wissen, was es bedeutet. Hoffend und träumend von Helligkeit, die tröstet und wärmt ohne Ende.
Sonne nennt sie dich. Sonne der Gerechtigkeit, Sonne des Heils; denn wir sind Verletzte.
Sehnsucht: dich sehnend suchen, dich ahnen und singen als freudige, schöpferische Lichtquelle, die aufbrach aus sich selbst in dem Wort: „Es werde Licht!"
Über den Wassern, die dunkel wogten und leer, über der kühlen Erde erscheint das mütterliche Gestirn, vielfältiges Leben weckend und wärmend. Unter deiner Sonne, mächtige Liebe, atmen, schaffen und suchen wir.
Die Lichter unseres Verstandes und unserer Hände haben Herzen und Freude vieler Menschen ausgebrannt. Haben die eigenen Augen geblendet, verdunkelt. Haben uns aus der Mitte vertrieben.
Auf geheimnisvolle Weise brichst du wiederum auf aus dir selbst, mächtig-ohnmächtige Liebe. Leise. Im Zimmer der jungen Mirjam sprichst du das Wort: „Es werde Licht!" Sie begreift es nicht. Mit dem Mut ihres Herzens trägt sie das Licht der Welt aus. Läßt es in sich verwandeln und wachsen, damit es uns anschauen kann mit unseren Augen. Damit es uns leuchten und wärmen kann unter der Sonne, die sich aus ihm gewinnt.

Du ganz anderes Licht als unsere nachgebildeten Lichter.
Du ganz anderes Licht als die Feuer, die wir durch die Wolkendecke zu den Sternen jagen.

Du ganz anderes Licht als die kleinen Flammen, die wir uns anzünden in den drohenden Nächten.
Du ganz anderes Licht: Du ohnmächtig-mächtige Liebe, die in unserer Mitte flüstert und singt, träumt und bittet, leidet und liebt: „Werde Licht!"

1984

ICH WERDE NICHT SATT

ich werde nicht satt
dich zu sehen
aus unzugänglichem Licht
an unsere Augenufer geliebt
Gott, im bedürftigen Kinde
der Anfang mit uns
ohne Ende

ich werde nicht satt
dich zu fragen
verletzlich geborenes Leben
bist d u es, worauf wir warten?
bedrückend dein Anfang
entsetzlich dein Ende
zu unserem Heil?

du hältst meinen Hunger
am Leben
zu suchen, zu hoffen, zu fragen
im machtlosen Menschen zu finden
das Wundmal der Liebe
die atmende Furche
in der unsterbliche Freude keimt

1982

EIN KIND IST UNS GEBOREN

und doch
bette ich meine Sehnsucht
wieder auf Stroh
von dem niemand weiß
wo es geerntet wurde
aufgeschüttet in einem Stall
der im Dunkel bleibt

ich lege mein müdes Gesicht
an das Köpfchen des jüdischen Kindes
und flüstere:
kennst du Betlehem?

die Mutter, jung
von den Wehen erschöpft
schläft ein

wie schön du bist, Mirjam
so ruhen Josefs Augen auf dir
und so
finden sie den Sohn

dein Mann verneigt sich tief
zum Dankgebet:
ein Kind ist uns geboren
ein Sohn ist uns geschenkt

1988

RETTE UNS

rette uns
aus dem gefälligen Glanz
in dein helles Erschrecken
unsern Fall
alle Jahre wieder
das Wunschkind zu feiern
fang' auf
das zu Gold gesponnene Stroh
im Märchen-Betlehem
leuchte aus
wahrhaftiges Licht

1981

KRIPPENLEGENDE

das Krippenholz
Kind, aus Davids Stamm
träumte in jener Nacht
seine Äste, trocken
in Brettern durchsägt
seien zum Leben erwacht

dein Atem
Sohn, aus Davids Stamm
trägt sie einen Hügel empor
danach tragen sie ein wundes Lamm
fünf Quellen springen hervor

das Krippenholz
Kind, aus Davids Stamm
träumte, das Lamm sei tot
an den Ästen, kreuzweis
dem Erdreich verpflanzt
wüchsen fünf Laibe Brot

dein Atem
Sohn, aus Davids Stamm
schweigt unterm Wurzelhaus
am dritten Tage tritt das Lamm
in die Morgensonne hinaus

das Krippenholz
Kind, aus Davids Stamm
träumte in jener Nacht
aus seinen Brettern
mit Ästen durchsetzt
würde end-lich ein Tisch gemacht

1983

HERBERGSUCHE

Heute begeht die Kirche das Fest der Heiligen Familie, gestern war der Gedenktag der Unschuldigen Kinder. Beide Tage haben mit dem Kind Jesus zu tun.
Die biblischen Schriftsteller Mattäus und Lukas erzählen im nachhinein von der Geburt und Kindheit des Rabbi Jeschua. Dieser jüdische Wanderprediger bewegt die Herzen der Menschen durch seine Worte und sein Tun so ganz anders als die religiösen Lehrer seiner Zeit. Männer und Frauen, die sich um ihn scharen am See Genesaret, auf Plätzen, am Berg oder am Rand der Wüste spüren in ihm Gottes Nähe. Eine Kraft geht von ihm aus, die im mühsamen und bedrohten Alltag Hoffnung schenkt, die ermutigt, heil zu werden, heilig. Und das gilt denen am Rande, den verachteten Straßenmädchen, den Zöllnern, die sich in Zusammenarbeit mit den verhaßten römischen Besatzern bereichern, den Sklavinnen und Sklaven, die wie Sachen ge- und verkauft werden.

Dieser Jesus aus Nazaret, aus der wenig angesehenen Landschaft Galiläa, kennt Gott als zärtlichen, als mütterlichen Vater. Immer wieder erfahren die Menschen, es geht nicht um Strafe und Gericht, sondern um Rettung. Liebe muß nicht durch Vorleistung in Form von Opfergaben erkauft werden von einem total gesetzesstrengen, vergeltenden Gott.
Für diese befreiende Botschaft stirbt Jesus den qualvollen Tod am Kreuz; denn er beugt sich nicht den Forderungen der herrschenden Priestergeschlechter, so zu lehren wie sie.
Nach dem schmählichen Tod des Rabbi, der den Armen und Unterdrückten so viel Hoffnung und Würde geschenkt, der geheilt und getröstet hat, sollen die Menschen erfahren, wie Gott vom ersten Augenblick seines Lebens an mit ihm war. Alle bedeutenden Menschen hatten damals ihre

besondere Kindheitsgeschichte. Und – lassen sich nicht in der hebräischen Bibel Prophetien und Zeichen finden, die auf den Rabbi Jeschua als Heiland hinweisen? Auch seine Nähe zu den einfachen und armen Menschen seines Volkes wird bereits in der Geburtsgeschichte deutlich. Gleichzeitig wirft Verfolgung durch die weltlichen Machthaber über das kleine Kind ihre drohenden Schatten.
Den Kindermord von Betlehem, dessen am Fest der Unschuldigen Kinder gedacht wird, belegt Mattäus aus dem Buch Jeremia, Kapitel 31, Vers 15: „So spricht der Herr: Ein Geschrei ist in Rama zu hören, bitteres Klagen und Weinen. Rahel weint um ihre Kinder und will sich nicht trösten lassen, um ihre Kinder, denn sie sind dahin."

Der im Evangelium angeklagte Herodes I., römischer Vasallenkönig in Palästina, war machtbesessen und grausam. Er ließ seine eigenen Söhne und seine Frau Mariamne töten, damit sein Thron nicht gefährdet würde; aber die schreckliche Militäraktion gegen alle kleinen Knaben in Betlehem, die im Alter Jesu waren, ist eine Legende. Vielleicht lebt in der Erzählung die Erinnerung aus dem zweiten Buch Mose auf. Der ägyptische Pharao befiehlt nach diesem Bericht, alle neugeborenen hebräischen Knaben zu töten, weil das kinderfreudige Volk der Hebräer ihm Furcht einflößt. Seine Herrschaft und die seiner Anhänger scheint ihm bedroht. Auch hier wird der künftige Befreier seines Volkes gerettet.
Und die Wahrheit im Zusammenhang mit dem betlehemitischen Kindermord? Furchtbare Wahrheit ist bis in unsere Gegenwart, daß vor allem Kinder die Opfer von Kriegen, Machtansprüchen, Wirtschaftsinteressen, Ausbeutung und Verelendung sind.

Fest der Unschuldigen Kinder und der Heiligen Familie. Unschuldig und heil – möchten wir so nicht sein, so wieder werden?

„Insel Schiermonnikoog"

Unschuldig sind alle Kinder, an allen Orten der Welt, in allen Familien und außerhalb der Familien auf den Straßen vieler großer Städte.

Unschuldig ist das Mädchen Rosina; ein Name für unvorstellbar viele. Sie ist elf Jahre jung. Zu Hause gab es nur Hunger, die weinenden kleinen Geschwister, für die sie verantwortlich war, die vom Vater verlassene Mutter mit einem neuen anspruchsvollen Freund; zu Hause, in der Familie, gab es Schimpfen, Schreien, Schläge. Rosina, das Kind ohne Kindheit, floh auf die Straße. Sie verkauft ihren Körper an Männer und wird oft um das bißchen Geld für die sie zerstörenden Dienste betrogen. Um das Geld, das sie braucht für etwas Essen, ein T-Shirt, für Kleister. Sie schnüffelt das ätzende Zeug, um diesem Leben, das Sterben ist, zeitweise zu entrinnen. Rosina ist unschuldig.
João ist unschuldig. Wieder ein Name für unvorstellbar viele. Der siebenjährige João hat gelernt zu stehlen, um noch nicht zu sterben, lernt immer neue Tricks, an Geld oder etwas Eßbares zu gelangen. Arbeit gibt es nicht für ihn, wie es kein Bett gibt, keine Geborgenheit irgendwelcher Art und schon gar keine Schule, um später einen Beruf zu erlernen. Auch João muß den beißenden Kleister schnüffeln, der seine Lungen zerfrißt. Welcher Mensch, und gar ein Kind, könnte ohne jeden Traum existieren? João ist unschuldig.
Rosina und João, alle diese Kinder, sind auf der Flucht, unbehütet von Eltern, Verwandten oder Freunden. Kein Ort, an dem sie sorglos untertauchen könnten, keine Matratze zum Schlafen, kein Spiel, nichts, was Zukunft heißen könnte.
Welches dieser Straßenkinder, es sind allein in Brasilien inzwischen mehrere Millionen, wird 30 Jahre alt werden wie das Kind von Betlehem? Es wird kein Todesurteil für sie geben durch ein noch so mangelhaftes und willkürliches Gerichtsverfahren, um ihnen Schuld nachzuweisen.

Bei schutzlosen, unschuldigen Kindern erübrigt sich das. Bezahlte Killer, angeheuert von Geschäftsleuten, und die Polizei verfolgen die Jungen und Mädchen, erschießen sie oder morden auf andere Art und Weise. Für die Mörder gibt es keine Strafverfolgung.
Wer das weiß?
Außer den Tätern, außer den Auftraggebern, die saubere Straßen wünschen für ihre zahlungskräftigen Kunden, für die Touristen? Außer den Kindern, die sich nicht in Sicherheit bringen, nicht wehren können? Frauen und Männer, die in jedem Kind Jesus sehen, dessen Geburt wir in den letzten Tagen wie alle Jahre wieder gefeiert haben. – Wie wärmt dieses Kind unsere Herzen! Wie viele Lichter zünden wir an, wie viele Lieder singen wir dem Krippenkind, wie beschenken wir unsere Kinder und uns in Freude und Hoffnung, von der göttlichen Liebe angenommen zu sein, heil zu werden.
Ob das genügt?
Aber – was können w i r schon tun, angesichts der weltweiten Not, der wiederum weltweiten Verflechtungen von Wirtschaft, Politik und Profitgier? Es ist beschämend, wie oberflächlich wir meistens umgehen mit der berühmt-berüchtigten Frage, die sich durch Jahrtausende hinzieht. Aus schmerzhafter Erfahrung legt sie der biblische Schriftsteller der Genesis dem Menschen Kain anstelle der notwendigen Antwort in den Mund: „Bin ich der Hüter meines Bruders?"
Millionen von Straßenkindern in Brasilien, und wenn ich von ihnen spreche, meine ich alle notleidenden Kinder auf unserer Erde, suchen Herberge. Wer sind die Wirtsleute, die in sicheren und warmen Häusern wohnen und nicht nur die Türen geschlossen halten, damit die kalte Winterluft nicht eindringen kann, sondern auch die Ohren und Herzen, um den sogenannten Weihnachtsfrieden ungestört zu genießen? Um wenige Tage später unverändert ins alltägliche Leben zurückzukehren?

Ich wünsche uns allen Mut und Bereitschaft, die ganz persönliche Antwort zu versuchen. Beginnen wir damit, indem wir uns einlassen auf die laute und leise

HERBERGSUCHE HEUTE

mir sind die Worte geschmolzen
im vielbeschworenen Licht
unsre Friedensgesänge ohne Folgen
irren
von einer Raketenheimat zur andern

das Kind
hat die Weihnachtskrippen um Mitternacht
verlassen
in einer schmutzigen Ecke
der Stadt São Paulo
teilt es den leeren Magen mit Straßenkindern
und aus den angstvollen Augen
der Türkin Gülsüm
die schwanger ist
von ihrem deutschen Freund
versucht es den Sprung
in ein Christenherz

1991

VOR DEN TOREN

Weide, Weide,
vielleicht
daß du einen kennst,
der verweilt,
der seine Hände bewegen ließe
Flöten zu schneiden
aus deinem Rohr
für ein Kind

Weide, Weide,
vielleicht
daß du einen rufst,
der versteht,
der sich reichmachen ließe
mit Kätzchengold
mit der Hilflosigkeit
eines Kindes

Noch wieg' ich verborgen
mein winziges Kind,
niemand weiß und
niemand will wissen,
ich fürchte mich.
Wenn sie wüßten, Weide,
was atmet und wächst,
noch heute müßt' ich zur Fichte,
vier schmale Bretter zu holen.

Weide, gute Weide,
ich brauch' einen Korb
zum Träumen für mein Kind

Weide, Weide,
dein Name schmeckt süß:
nach Honig und Milch,
nach Brot und Blumen,
nach Mutter und Vater

Weide, Weide,
dein Name hüllt warm:
mit Sonne und Duft,
mit Wolle und Vlies,
mit Himmel und Dach

Mein Stern war kein Licht,
mein Hirt war kein Hüter,
er stahl sich davon
mit Brot und mit Schlaf

Weide, Weide,
vielleicht kennst du einen,
der den Korb mit mir flicht,
der mich stützt, wenn ich wiege,
der mich hält, wenn ich weide,
der lächelt
mit meinem Kind

1981

FAMILIE

F reude und Friede erfahren
A ngenommen sein
M iteinander das Leben teilen
I n guten und bösen Tagen, das Brot der
L iebe empfangen und schenken, sich
I rren dürfen und suchen im Haus von Kindern und
E ltern

F üreinander das Gute wollen
A nschauen und umarmen
M iteinander streiten, Versöhnung üben
I ch sagen, Du und Wir
L icht und Dunkel empfinden
I nnen- und Außenwelt
E hrfurcht vor allem, was lebt

F este feiern und Freundschaften leben
A ndere Menschen achten
M utter, Vater und Kinder vereint
I m Lebensquell Freiheit und Bindung
L oslassen, leise – und stützen wie der
I mmer-mit-uns
E in reiches und schwieriges Lebensgeflecht

MIT ANDEREN AUGEN

So ist das ja gar nicht, als würde mit e i n e r Schwingung des Zeitpendels, der besonderen, die ein neues Kalenderjahr herbeibringt, unser Leben plötzlich von Grund auf verändert. Als würde gleichsam unsere alte narbige Haut abgestreift, und wir schlüpften aus der verbrauchten Puppenhülle wie ein Schmetterling, der zum ersten Mal seine Fühler behutsam ausstreckt, seine langen fremden Beine ausprobiert und, vor allem, die Flügel regt und entfaltet; ein zunächst schwieriges, dann ungeahnt befreiendes Er-Lebnis, wenn er entdeckt: sie tragen ihn. Sie tragen ihn in etwas ungekannt Weites, Lichtes. Wohin er will, tragen sie ihn. Farben und Düfte und Sonne warten auf ihn, S e i n e Blüte lädt ihn ein. Und er weiß nicht einmal, wie schön er ist. Welches Kunstwerk jede einzelne der vieltausend Schuppen ist, die das Farbwunder seiner Flügel bilden.

Eine Seite des Schmetterlingsdaseins. Gewiß. Stürme erwarten ihn. Feinde lauern ihm auf und verfolgen ihn. Frost kann über ihn hereinbrechen. Sein Leben ist kurz, gemessen an Menschentagen. Gewiß. Aber – er ist ganz neu. Er hat noch nichts verdorben. Ja, vermag er das überhaupt?

So ist das nicht, als seien die Spuren unseres Tuns und Nichttuns gelöscht, die Soll- und Habenseite unseres bisherigen Lebens ausgeglichen mit dem letzten Schlag der alten Jahresuhr und vor uns läge ein Buch mit 365 unbeschriebenen Blättern oder mit 366, wenn's hoch kommt, und wir brauchten nichts aus dem Vergangenen zu übertragen.

Darüber sind wir uns in der Freundesrunde einig geworden während der letzten Stunden des Jahres, nachdem wir den Konfettiregen, die unvermeidliche Starparade mit den ebenso unvermeidlichen mehr oder weniger gelungenen Bonmots der so fröhlich und einträchtig versammelten Showmaster, die unvermeidliche Stimmungsmache auf der Mattscheibe abgeschaltet hatten. (Wann mag denn diese unvermeidlich lustig-turbulente Silvesterparty in den Studios gedreht worden sein?)

Bei uns sind wirklich j e t z t eine Flasche Sekt kaltgestellt worden, der Tisch heiter dekoriert, Salzgebäck und Nüsse in Schalen, Wein oder Fruchtsaft oder Grog in den Gläsern, und wir haben uns, wie verabredet, festlich gekleidet. Warum nicht?

Wir geraten ins Erinnern. Frühere Silvesterabende werden lebendig, an denen manches ähnlich und vieles ganz anders war. Das Wichtigste blieb: unsere Sehnsucht nach einem „glückseligen Neuen Jahr", verschwiegene und geäußerte Ängste, Trauer über Verlorenes und Versäumtes, Dankbarkeit und – die noch immer nicht erfüllte Hoffnung auf Frieden. Hoffnung, das sich allerorten herauskristallisierende Bewußtsein: Der Friede ist seit langem nicht so bedroht gewesen wie jetzt. Wir tanzen, lachen, trinken, singen auf einem Vulkan. Und: Der Friede ist Aufgabe eines jeden einzelnen von uns. Der Friede verlangt Opfer von uns, Umdenken. Er läßt sich nicht berechnen. Er wird nicht aus den Spitzen der Raketen und ihrer Sprengköpfe keimen. Er ist möglich, wenn wir glauben, daß er von Gott kommt. Wie aber? Unbekannt. Wann aber? Unbekannt. Kein Grund, ihn nicht im eigenen Leben zu versuchen. (Aber doch nicht gerade jetzt, liebe Leute! Müßt ihr denn jede Stimmung verderben?) Kein Grund, zu sagen: Die anderen müssen anfangen.
(Hört auf, ich kann das Wort Frieden nicht mehr hören, so zerredet ist es.) Wurde der Friede deshalb weniger kostbar?

Eine halbe Stunde hat das alte Jahr noch zu vergeben. Ich zünde die Kerzen am Christbaum und vor der Krippe an. Auch in diesen Minuten verkünden Engel die Botschaft der nahen Gottesliebe! „Und Friede den Menschen seiner Huld." So nahe ist uns dieser Gott gekommen, daß wir ergriffen staunen, daß wir auch jetzt nicht begreifen, gefangen in unserem realen Verstehen.

„Wißt ihr eigentlich, daß wir heute den ‚Zweiten Heiligen Abend' feiern?" frage ich. „Hör' ich zum ersten Mal", antwortet Peter neugierig. „So war das in Schlesien Brauch", erzählte ich. „Den ‚Ersten Heiligen Abend' am 24. Dezember kennt ihr alle: Vorfeld der Heiligen Nacht, Vigil des Geburtsfestes Jesu. Maria Luise Thurmair hat 1952 geschrieben:

Licht, das uns erschien,
Kind, vor dem wir knien:
Herr, erbarme dich."

„Ich singe das gern", sagt Gabriele leise. „Dem Licht, das uns erschien, brennen unsere kleinen Lichter entgegen. Eine Woche später, Silvester, Vorfeld des neuen Jahres, Vigil des Namen-Jesu-Festes, war der ‚Zweite Heilige Abend'." – „Weshalb war?" wirft Georg ein. „Ich finde auch, daß wir uns mit diesem ‚Zweiten Heiligen Abend' vertraut machen sollten. Wieder leuchtet uns Menschen d a s Licht auf. Im früheren Festkalender der Kirche hieß der Feiertag: ‚Beschneidung des Herrn', und das heißt ja Aufnahme des Menschen Jesu in den Bund mit Gott. In den Neuen Bund übertragen: Wiedergeburt aus dem Wasser und dem Heiligen Geist, die Jesus stellvertretend für uns ‚Dunkle' im Jordan annimmt. Die Freude steht auf in der Zusage Gottes: ‚Siehe, mein geliebter Sohn.' Licht der Taube am Himmel. Beides gilt auch für uns."
„Deine Silvesterpredigt gefällt mir, hätte ich dir heute nicht

zugetraut", lächelt mich Roswitha an. „Ich schon", pariert mein Mann. „Du, als Geschädigter, mußt das wohl auch", spötteln Sepp und Gerhard freundschaftlich, „da hat sich in der privaten Kirche immerhin einiges getan", und wir prosten uns zu. Ach, denke ich, große Schätze liegen oft ungehoben in der Stille und Tiefe, und blicke zu meinem Mann hinüber.

„Ihr seid noch nicht losgesprochen, manchmal sind aller guten Dinge drei", setze ich meine „Predigt" fort. „Der ‚Dritte Heilige Abend' ist das Fest ‚Erscheinung des Herrn', 6. Januar, das im Volksmund den Heiligen Drei Königen gehört. Wer diese Männer sind? Suchende. Herbeiwandernd von den Enden der damals bekannten Erde. Weise Männer, wie die Bibel sagt. Weise wohl in geduldigem Schauen. Und so verrät ihnen das Licht der Sterne mehr als uns Neunmalklugen, uns Fortgeschrittenen im Besitz hochspezialisierter Wissenschaften. Ein vorher nicht gesehenes Licht ruft sie, das ihr Herz weit macht, ihre Füße bereit, andere Wege als bisher zu gehen, das ihren Augen neue Dimensionen des Sehens schenkt."
„Solche Menschen müßten wir auch sein." Elisabeths Wunsch schwebt einige Augenblicke über uns.

„Licht zur Erleuchtung der ‚Heiden' " (Völker, wollen wir heute lieber sagen), wird der Seher Simeon das Kind auf dem Arm der jungen Mutter Mirjam wenige Wochen später nennen, als er ihnen im Jerusalemer Tempel begegnet. Im Kirchenjahr ist das auch ein Fest des Lichtes. Es geht nur oft in der Hektik unseres Alltags verloren. Aber nicht ganz.
Weil wir an den ‚Drei Heiligen Abenden' die Kerzen am Christbaum anzündeten und meist auch Weihnachtslieder sangen, blieb der Baum immer bis zum 7. Januar stehen. Dann durften wir Kinder ihn endlich, endlich plündern."

„Amen", spricht Sepp ohne Spott. Wir lassen uns still vom Kerzenlicht wärmen und umhüllen. Was denken wir Frauen und Männer dabei, oder welche Gedanken weckt das Licht, das uns erschien, in uns auf? Vielleicht, daß wir von diesen ‚Drei Heiligen Abenden' her, die jeder ein wesentliches Ereignis für unser Leben mit Gott und füreinander ankündigen, unseren Weg in das neue „bürgerliche" Jahr unter die Füße nehmen? Wir Menschen brauchen solche Anhaltspunkte. Anhalten und sich fragen: Wie bin ich bis hierher gelangt? Danken. Um Vergebung bitten. Das Licht in die Augen lassen. Uns heilen lassen vom Blindsein. Heilen lassen die Trübung in der Netzhaut des Herzens. Uns leiten lassen von den Lichtquellen, die unsere technisch perfekten Spiegelteleskope nicht erfassen.

Die Tür wird aufgerissen, wir zucken zusammen. „Mensch, was ist mit euch los?" ruft unser Benjamin. „Gleich ist's soweit, gleich knallt's." Die Jugend hat auf ihre Weise im „Partykeller" das alte Jahr verabschiedet und brennt darauf, das neue mit ihren Sternen, Kaskaden und Sonnen zu begrüßen. Blitzlichter am Himmel, vom Taschengeld gespart.

Bei uns knallt erst einmal der Sektkorken, schnell hinaus auf den Balkon mit den Gläsern in der Hand. Wind treibt Wolkenschleier über das Nachtgewölbe. Hoch oben blinzeln einzelne Sterne. Das Knall-, Pfeif- und Heulkonzert setzt ein, der erste farbige Sternenregen, nah unseren Dächern, rieselt herab: Wünsche, Freuden, Erwartungen, Hoffnungen.

Klingeln der Gläser, Augen-Blicke. Die Geläute vom Dom und von Sankt Marien finden in unsere Ohren. Anhaltspunkte für das neue Jahr.

1983

WÜNSCHE FÜR DICH

jeden Tag
Licht in deine Augen
gute Worte in dein Ohr, auf deine Zunge
Boden unter deine Füße
Brücken
Kraft, Geduld und Zärtlichkeit
in deine Hände
um dich Duft und Atem
in dein Essen eine Prise Glück
das Aroma Dankbarkeit

wenn du's nötig hast
ein Meer von Liebe
einen Ozean Vertrauen
eine Wagenladung Blumen
und
Musik, Musik

auch den Bruder Schmerz
die Schwester Trauer
und die Hand
darin sich's wohnen läßt

SCHENKE NEUBEGINN

komme jetzt und dann
weise Trösterin
segne Frau und Mann
schenke Neubeginn

wandle jung und alt
heile Schöpferin
löse die Gewalt
schenke Neubeginn

eine arm und reich
weise Trösterin
in der Liebe gleich
schenke Neubeginn

eine Mensch und Tier
heile Schöpferin
alles lebt aus dir
schenke Neubeginn

Erde bebt und schreit
weise Trösterin
gib uns Umkehrzeit
schenke Neubeginn

In gleicher Ausführung sind erschienen:

Begegnung im Dialog

Gedanken, Geschichten, Gedichte, Gebete

Anneliese Knippenkötter (Hrsg.)
104 Seiten, Klens-Taschenbuch, DM 9,60

Still werden – bei sich ankommen – einen Gedanken aufgreifen – einem Wort nachgehen – die Sehnsucht nach dem Du auskosten. Vielleicht ist das der Nährboden für das nächste Gespräch, für die kommende Begegnung. Die in diesem Buch zusammengestellten Texte wollen dazu anregen. Möge die Begegnung im Dialog gelingen!

Der Hoffnung Namen geben

Anneliese Knippenkötter (Hrsg.)
120 Seiten, Klens-Taschenbuch, DM 14,80

Hoffnung? Wo gibt es sie? Macht sich nicht hier und dort eher Weltuntergangsstimmung breit? Pessimismus? Resignation? Es hat ja doch alles keinen Zweck?
Solche und andere Töne werden lauter, wobei die hoffnungsvollen Klänge verhalten bleiben. Der Hoffnung Namen geben meint, den vielen Zeichen, die das Menschsein ausmachen, einen Namen geben. Sie können heißen: Begegnung, Freude, Versöhnung, Gerechtigkeit, Frieden.

Klens-Verlag, Düsseldorf